Das Beste Buch über Wut für Erwachsene

Der Vollständige Leitfaden zur Deeskalation Angespannter Situationen

Käthe R. Lorenz

VERZICHTSERKLÄRUNG

Das Beste Buch über Wut für Erwachsene: Der Vollständige Leitfaden zur Deeskalation Angespannter Situationen

Erstausgabe.

INHALTSVERZEICHNIS

EINLEITUNG

DIE KRAFT DER DEESKALATION

In jeder Interaktion, die mit Spannungen behaftet ist, ist die Fähigkeit, eine Situation effektiv zu deeskalieren, eine mächtige Fähigkeit, die das Ergebnis erheblich beeinflussen kann. Deeskalation ist mehr als eine bloße Taktik; Es ist eine Kunstform, die auf psychologischen Prinzipien und empathischer Kommunikation basiert. Es beinhaltet eine Reihe von Strategien, die darauf abzielen, die emotionale Intensität zu reduzieren und ein Gefühl der Ruhe inmitten von Konflikten wiederherzustellen. Das Verständnis der Prinzipien hinter der Deeskalation und deren Anwendung kann die Art und Weise, wie wir mit Konfrontationen und angespannten Interaktionen umgehen, verändern.

Im Kern geht es bei der Deeskalation darum, einen sicheren Raum zu schaffen, in dem sich alle Beteiligten ohne Angst vor weiterer Unruhe oder Aggression äußern können. Das beginnt damit, die Anzeichen einer Eskalation frühzeitig zu erkennen. Individuen können verschiedene körperliche und verbale Signale zeigen, wie z. B. erhobene Stimme, schnelles Sprechen, aggressive Körpersprache oder erhöhte emotionale Reaktionen. Die Identifizierung dieser Indikatoren ermöglicht es, einzugreifen, bevor die Situation außer Kontrolle gerät. Das Ziel ist nicht, einen Streit zu gewinnen oder einen Standpunkt zu beweisen, sondern die gesteigerten Emotionen zu zerstreuen und die Interaktion zu einer konstruktiveren Lösung zu führen.

Ein grundlegender Aspekt der Deeskalation ist das aktive Zuhören. Bei dieser Technik konzentrierst du dich voll und ganz auf das, was die andere Person sagt, anstatt nur darauf zu warten, dass du an der Reihe bist zu sprechen. Aktives Zuhören erfordert Geduld und die Fähigkeit, das Kommunizierte zu reflektieren. Indem Sie die Gefühle und Bedenken des Sprechers anerkennen, bestätigen Sie seine

Erfahrungen und zeigen Empathie. Dies kann dazu beitragen, ihre emotionale Intensität zu verringern und die Tür für einen rationaleren Dialog zu öffnen. Es ist wichtig, zuzuhören, ohne zu urteilen und Unterbrechungen zu vermeiden, da diese Verhaltensweisen die Situation weiter anheizen können.

Ein ruhiges und gelassenes Auftreten ist ein weiteres entscheidendes Element der Deeskalation. Wenn wir mit Wut oder Aggression konfrontiert werden, kann unser natürlicher Instinkt darin bestehen, defensiv oder mit gleicher Intensität zu reagieren. Eine Reaktion in gleicher Weise verschärft den Konflikt jedoch oft, anstatt ihn zu lösen. Stattdessen kann ein ruhiger und gleichmäßiger Tonfall, eine sanfte und nicht bedrohliche Körpersprache und ein neutraler Gesichtsausdruck dazu beitragen, ein Gefühl der Stabilität und Sicherheit zu schaffen. Dieser Ansatz hilft nicht nur, die unmittelbare Situation zu deeskalieren, sondern modelliert auch ein angemessenes Verhalten für die andere Partei.

Empathie spielt eine zentrale Rolle bei der Deeskalation. Indem Sie sich in die Lage der anderen Person versetzen, können Sie ihre Perspektive und ihren emotionalen Zustand besser verstehen. Empathie auszudrücken bedeutet, die Gefühle der anderen Person anzuerkennen und zu zeigen, dass Sie sich um ihre Erfahrung kümmern. Aussagen wie "Ich verstehe, warum du dich so fühlen würdest" oder "Es klingt, als wärst du wirklich frustriert" können viel dazu beitragen, Spannungen abzubauen. Empathie hilft, die emotionale Kluft zwischen den Individuen zu überbrücken und fördert eine kooperative Atmosphäre.

Eine weitere Technik, die bei der Deeskalation einer Situation wirksam sein kann, ist die Verwendung einer klaren und nicht konfrontativen Sprache. Das Vermeiden von Schuldzuweisungen oder anklagenden Aussagen hilft, zu verhindern, dass sich die andere Person angegriffen fühlt. Verwenden Sie stattdessen "Ich"-Aussagen, um Ihre eigenen Gefühle oder Perspektiven auszudrücken, ohne Fehler zu implizieren. Zum Beispiel ist es weniger wahrscheinlich, dass die Aussage "Ich bin besorgt, wenn viel geschrien wird" eine Abwehrhaltung hervorruft als die Aussage "Du schreist immer und das ist nicht akzeptabel". Eine klare Kommunikation hilft, den Fokus auf die Lösung des Problems zu legen, anstatt den Konflikt zu verschärfen.

Es ist auch wichtig, sich der Macht der nonverbalen Kommunikation bewusst zu sein. Unsere Körpersprache, unser Blickkontakt und sogar unsere körperliche Nähe können die Dynamik einer Konfrontation beeinflussen. Offene und nicht bedrohliche Gesten, wie z. B. die Hände sichtbar zu halten und einen respektvollen Abstand zu wahren, können helfen, Gefühle von Einschüchterung oder Aggression zu reduzieren. Wenn Sie auf diese nonverbalen Hinweise achten, stellen Sie sicher, dass Ihre Handlungen mit Ihrer verbalen Kommunikation übereinstimmen, was Ihre Absicht verstärkt, die Situation zu deeskalieren.

In einigen Fällen kann es notwendig sein, Lösungen oder Kompromisse anzubieten, um die zugrunde liegenden Probleme anzugehen, die den Konflikt verursachen. Es ist jedoch entscheidend, diesen Schritt mit Vorsicht und Sensibilität anzugehen. Wenn man sich beeilt, Lösungen vorzuschlagen, bevor man die Bedenken der anderen Person vollständig verstanden hat, kann das abweisend oder unaufrichtig wirken. Erlauben Sie der Person stattdessen, ihre Bedürfnisse auszudrücken und gemeinsam an einer für beide Seiten akzeptablen Lösung zu arbeiten. Dieser kollaborative Ansatz hilft nicht nur, das unmittelbare Problem zu lösen, sondern stärkt auch die Beziehungen und schafft Vertrauen.

Deeskalation ist kein Einheitskonzept, sondern ein flexibles Set an Fähigkeiten, die an verschiedene Situationen und Persönlichkeiten angepasst werden können. Jede Interaktion ist einzigartig, und die Wirksamkeit von Deeskalationsstrategien kann je nach Kontext und beteiligten Personen variieren. Es ist wichtig, anpassungsfähig zu bleiben und seine Deeskalationsfähigkeiten durch Übung und Reflexion kontinuierlich zu verfeinern.

Die Vorteile der Beherrschung der Deeskalation sind weitreichend. Im beruflichen Umfeld kann eine effektive Deeskalation verhindern, dass Konflikte den Arbeitsablauf stören, und ein positives Arbeitsklima aufrechterhalten. In persönlichen Beziehungen kann es zu harmonischeren Interaktionen und einem tieferen Verständnis zwischen den Individuen führen. Durch die Förderung einer Kultur der ruhigen und respektvollen Kommunikation trägt die Deeskalation zum allgemeinen Wohlbefinden und zur Zufriedenheit in der Beziehung bei.

Letztlich liegt die Kraft der Deeskalation in ihrer Fähigkeit, potenziell brisante Situationen in Chancen für einen konstruktiven Dialog und eine konstruktive Lösung zu verwandeln. Durch aktives Zuhören, Bewahren der Gelassenheit, Zeigen von Empathie, Verwenden einer klaren Sprache und Achten auf nonverbale Hinweise können Einzelpersonen effektiv mit Spannungen umgehen und diese abbauen. Die Beherrschung dieser Fähigkeiten verbessert nicht nur die zwischenmenschlichen Interaktionen, sondern trägt auch zu einem positiveren und harmonischeren Umfeld bei, sei es im beruflichen Umfeld oder in persönlichen Beziehungen.

WUT VERSTEHEN

Wut ist eine mächtige und oft missverstandene Emotion. Sie entsteht als Reaktion auf wahrgenommene Bedrohungen oder Ungerechtigkeiten, ob real oder imaginär. Obwohl Wut ein natürlicher Teil der menschlichen Erfahrung ist, kann es schwierig sein, damit umzugehen und noch schwieriger zu verstehen. Um Wut bei anderen effektiv anzugehen, ist es wichtig, zunächst ein klares Verständnis von ihren Ursprüngen zu haben, wie sie sich manifestiert und was sie antreibt.

Im Kern ist Wut eine biologische Reaktion. Wie andere Emotionen wird sie durch Aktivitäten im Gehirn ausgelöst, insbesondere in Bereichen wie der Amygdala, die eine

Schlüsselrolle bei der Verarbeitung emotionaler Reaktionen spielt. Wenn sich eine Person bedroht fühlt, signalisiert ihre Amygdala dem Körper, dass sie reagieren soll, und aktiviert die "Kampf-oder-Flucht"-Reaktion. Dieser Prozess beinhaltet die Freisetzung von Adrenalin und anderen Stresshormonen, die die Herzfrequenz erhöhen, die Muskeln anspannen und die Wachsamkeit erhöhen, was den Körper darauf vorbereitet, sich entweder der Gefahr zu stellen oder vor ihr zu fliehen. In Situationen, in denen eine physische Bedrohung vorliegt, können diese physiologischen Veränderungen lebensrettend sein. Im modernen Leben geht es bei den Auslösern für Wut jedoch oft weniger um das physische Überleben als vielmehr um soziale oder psychologische Bedrohungen – wahrgenommene Respektlosigkeit, das Gefühl, nicht gehört zu werden, oder unerfüllte Erwartungen.

Das Verständnis des biologischen Aspekts von Wut hilft zu entmystifizieren, warum sie sich so intensiv anfühlt. Wenn jemand wütend ist, ist er nicht nur emotional aufgewühlt; Ihr Körper befindet sich in einem Zustand erhöhter Erregung. Ihr Herz rast, ihr Atem beschleunigt sich und ihre Muskeln spannen sich an. Das ist der Grund, warum es sich so herausfordernd anfühlen kann, sich inmitten des Ärgers zu beruhigen – es geht nicht nur darum, sich zu entspannen; Der Körper befindet sich in einer vollen Stressreaktion.

Ein weiterer wichtiger Aspekt von Wut ist ihre psychologische Grundlage. Wut entsteht nicht in einem Vakuum, sondern ist oft eine Reaktion auf tiefere emotionale Erfahrungen. Verletzung, Frustration, Angst, Verlegenheit und Ohnmacht sind alles Emotionen, die Wut schüren können. Für viele fühlt sich Wut wie ein sichererer oder akzeptablerer Weg an, um diese unterschwelligen Gefühle auszudrücken. Wenn sich zum Beispiel jemand durch die Handlungen eines Partners verletzt fühlt, kann er sich zu verletzlich fühlen, um Traurigkeit oder Enttäuschung auszudrücken, so dass er stattdessen wütend wird. In ähnlicher Weise kann eine Person, die sich in einer Situation machtlos fühlt, wütend um sich schlagen, um ein Gefühl der Kontrolle zurückzugewinnen.

Die Art und Weise, wie Individuen Wut ausdrücken, wird auch von ihrer persönlichen Geschichte, ihrem kulturellen Hintergrund und ihrer sozialen Konditionierung geprägt. Manche Menschen wachsen in einem Umfeld auf, in dem Wut offen ausgedrückt und vorgelebt wird, während anderen beigebracht wurde, ihre Wut zu unterdrücken oder Konfrontationen um jeden Preis zu vermeiden. Diese frühen Erfahrungen bestimmen oft, wie wohl oder unwohl sich eine Person mit ihrer Wut fühlt und wie sie damit umgeht, wenn sie aufkommt. In einigen Kulturen wird zum Beispiel Wut als eine destruktive Kraft angesehen, die es zu unterdrücken gilt, während sie in anderen als natürlicher, ja sogar notwendiger Teil der Selbstbehauptung angesehen wird.

Wut ist nicht von Natur aus destruktiv, aber unbehandelte oder schlecht gemanagte Wut kann zu negativen Konsequenzen führen. Wenn Wut konstruktiv ausgedrückt wird, kann sie ein starker Motivator für Veränderungen sein und den Einzelnen dazu bringen, Maßnahmen zu ergreifen und sich für sich selbst oder andere einzusetzen. Es kann signalisieren, dass eine Grenze überschritten wurde oder dass ein wichtiges Bedürfnis nicht erfüllt wird. Wenn Wut anerkannt und auf gesunde Weise angegangen wird, kann dies zu einer Lösung und einer verbesserten Kommunikation führen. Wenn Wut jedoch schwelt oder sich durch Aggression, passive Aggressivität oder andere schädliche Verhaltensweisen ausdrückt, führt sie oft zu beschädigten Beziehungen, erhöhtem Stress und sogar körperlichen Gesundheitsproblemen.

Es ist wichtig zu erkennen, dass nicht jeder Ärger gleich ist. Die Intensität von Wut kann von leichter Irritation bis hin zu ausgewachsener Wut reichen, und verschiedene Situationen können unterschiedliche Arten von Wut auslösen. Den Unterschied zwischen gesunder und ungesunder Wut zu verstehen, ist entscheidend für eine effektive Kommunikation und Konfliktlösung. Gesunder Ärger ist oft nur von kurzer Dauer und steht in einem angemessenen Verhältnis zur jeweiligen Situation. Sie kann als Reaktion auf ein bestimmtes Ereignis entstehen, z. B. im Verkehr abgeschnitten zu werden, und sich auflösen, sobald die anfängliche Frustration vorüber ist. Im Gegensatz dazu ist ungesunde Wut tendenziell chronischer und allgegenwärtiger und hält oft lange nach dem ersten Auslöser an. Diese Art von Wut kann in unverarbeiteten vergangenen Erfahrungen oder einem allgemeinen Gefühl der Unzufriedenheit mit dem Leben wurzeln.

Wenn jemand wütend ist, wird sein Denken schwarz-weiß, was es ihm erschwert, Nuancen zu erkennen oder alternative Perspektiven in Betracht zu ziehen. Dies liegt daran, dass Wut den Fokus einer Person einengt, wodurch sie sich besser auf die Quelle ihrer Frustration einstimmt und weniger in der Lage ist, andere Informationen zu verarbeiten. In einem Konflikt kann sich eine wütende Person auf das vermeintliche Unrecht fixieren, das ihr angetan wurde, und alle Erklärungen, Entschuldigungen oder mildernden Faktoren ignorieren. Dieser Tunnelblick kann die Spannungen weiter eskalieren lassen, da sich die Person in ihrer Wut zunehmend gerechtfertigt fühlt und weniger bereit ist, sich auf ein ruhiges Gespräch einzulassen.

Deshalb ist es so wichtig, sich einer wütenden Person mit Empathie und Geduld zu nähern. Anstatt defensiv oder abweisend zu reagieren, kann es helfen, die Gefühle der Person anzuerkennen und ihr einen Raum zu bieten, sich auszudrücken, um die Situation zu deeskalieren. Wenn sich Menschen gehört und bestätigt fühlen, lässt ihre Wut oft nach, weil ihr Bedürfnis nach Anerkennung erfüllt wurde. Das bedeutet nicht, dass sie mit allem einverstanden sind, was sie sagen, sondern einfach zu zeigen, dass ihre Gefühle verstanden werden.

Ein weiterer wichtiger Faktor für das Verständnis von Wut ist die Erkenntnis, dass sie oft eine Reaktion auf unerfüllte

Bedürfnisse ist. Ob es sich um das Bedürfnis nach Respekt, Autonomie, Sicherheit oder Liebe handelt, wenn die Bedürfnisse einer Person nicht erfüllt werden, kann sie diese Frustration durch Wut ausdrücken. Indem man hinter die Oberfläche der Wut einer Person schaut und darüber nachdenkt, was sie in diesem Moment brauchen könnte, wird es einfacher, sich der Situation mit Mitgefühl zu nähern. Zum Beispiel kann eine Person, die über eine Entscheidung bei der Arbeit verärgert ist, nicht nur über die Entscheidung selbst verärgert sein, sondern auch das Gefühl haben, dass ihre Beiträge nicht geschätzt werden oder dass sie die Kontrolle über einen wichtigen Aspekt ihrer Arbeit verloren hat.

Wut kann auch ansteckend sein. In einer angespannten Situation kann es leicht passieren, dass sich die Wut von einer Person zur anderen ausbreitet und den Konflikt eskaliert. Das liegt daran, dass der Mensch so verdrahtet ist, dass er die Emotionen der Menschen um ihn herum aufnimmt und spiegelt – ein Phänomen, das als emotionale Ansteckung bekannt ist. Wenn jemand anderes wütend ist, kann das bei anderen eine ähnliche Reaktion auslösen, selbst wenn sie anfangs ruhig waren. Aus diesem Grund ist es wichtig, dass eine Person während eines Konflikts gelassen bleibt. Indem sie ruhig bleiben, können sie helfen, die Situation zu entschärfen und zu verhindern, dass sie außer Kontrolle gerät.

Das Verständnis der verschiedenen Facetten von Wut – ihrer biologischen, psychologischen und sozialen Komponenten – hilft dabei, sie nicht als isolierten Ausbruch zu sehen, sondern als eine komplexe Emotion, die bewältigt und navigiert werden kann. Wut ist ein Signal, ein Ausdruck tieferer Gefühle und unerfüllter Bedürfnisse, und wenn sie mit Geduld und Verständnis angegangen wird, kann sie als Weg zu klarerer Kommunikation, Lösung und Heilung in Beziehungen dienen. Indem Wut effektiv angegangen wird, wird sie weniger zu einer destruktiven Kraft als vielmehr zu einem Werkzeug für Wachstum und Verbundenheit.

DIE 90-SEKUNDEN-REGEL: EIN BEWÄHRTER ANSATZ

Die 90-Sekunden-Regel basiert auf dem Verständnis, wie Emotionen, insbesondere Wut, im Gehirn und im Körper funktionieren. Das Konzept, eine wütende Person in 90 Sekunden zu beruhigen, mag auf den ersten Blick zu einfach erscheinen, aber es beruht auf etablierten Prinzipien aus den Neurowissenschaften, der Psychologie und den Kommunikationstechniken. Indem Sie sich diesen Ansatz zunutze machen, können Sie Ihre Fähigkeit, angespannte Situationen zu entschärfen und Raum für rationale Diskussionen zu schaffen, deutlich steigern. Der Schlüssel zur Wirksamkeit dieser Methode liegt im Verständnis, wie Emotionen verarbeitet werden und wie schnell sie sich verändern können, wenn sie richtig gehandhabt werden.

Im Mittelpunkt der 90-Sekunden-Regel steht die Idee, dass emotionale Reaktionen oft kurze, aber intensive Schübe im Körper sind. Die Neuroanatomin Dr. Jill Bolte Taylor beschreibt dieses Phänomen und betont, dass eine Emotion, wie Wut, nur etwa 90 Sekunden anhält, wenn sie nicht durch zusätzliche Gedanken verstärkt wird. Wenn jemand Ärger verspürt, löst sein Gehirn eine Kettenreaktion aus: Stresshormone wie Adrenalin und Cortisol überfluten den Blutkreislauf, und der Körper bereitet sich auf eine Kampf-oder-Flucht-Reaktion vor. Diese körperliche Reaktion ist unglaublich schnell, aber wenn die Person nicht weiter über die Situation nachdenkt, die die Wut ausgelöst hat, beginnen die physiologischen Effekte innerhalb dieses Zeitfensters von anderthalb Minuten nachzulassen.

Während dieser 90 Sekunden ist die Amygdala, das emotionale Zentrum des Gehirns, sehr aktiv. Er nimmt eine Bedrohung wahr – sei es Respektlosigkeit, Ungerechtigkeit oder eine andere Quelle der Frustration – und initiiert die emotionale Reaktion. Wenn sie nicht unterbrochen wird, wird die physiologische Reaktion des Körpers ihren Lauf schnell abschließen. Aber in vielen Fällen schüren die Menschen ihre Wut mit wiederholten Gedanken an den Vorfall, der sie verärgert hat, und verlängern den emotionalen Zustand über seine natürliche Lebensdauer hinaus. Auf diese Weise wird Wut oft zu einem sich selbst verstärkenden Kreislauf: Eine Person wird wütend, denkt darüber nach, warum sie wütend ist, und löst immer wieder dieselbe emotionale Reaktion aus. Dieser Zyklus kann den Körper in einem erhöhten Erregungszustand halten, was zu anhaltenden Ausbrüchen und eskalierenden Konflikten führt.

Die 90-Sekunden-Regel greift in diesen Kreislauf ein, indem sie verhindert, dass die Person in ihrem Ärger gefangen wird. Der Schlüssel zur Deeskalation von Wut innerhalb dieses kurzen Zeitrahmens liegt in mehreren miteinander verbundenen Strategien, die sowohl auf biologischer als auch auf psychologischer Ebene funktionieren. Das Ziel ist es, die Kettenreaktion zu unterbrechen, bevor sie sich intensiviert, und einer Person die Möglichkeit zu geben, die Kontrolle über ihre Emotionen wiederzuerlangen. Wenn du die Mechanismen verstehst, die Wut steuern, kannst du die Bedingungen schaffen, die für diesen Neustart notwendig sind.

Einer der ersten Schritte bei der Anwendung der 90-Sekunden-Regel besteht darin, ein Gefühl der Sicherheit für die wütende Person zu schaffen. Wut rührt oft von der Wahrnehmung einer Bedrohung oder eines Angriffs her, auch wenn diese Bedrohung eher psychologisch als physisch ist. Wenn sich jemand unsicher fühlt, sei es, weil er kritisiert, respektlos oder missverstanden wurde, wird seine emotionale Reaktion verstärkt. Um sie zu beruhigen, müssen Sie daher signalisieren, dass Sie keine Bedrohung darstellen. Dies kann sowohl durch verbale als auch durch nonverbale Signale geschehen, wie z. B. das Bewahren eines ruhigen Tonfalls, eine offene Körpersprache und das Zeigen von Empathie. Diese Signale versichern der anderen Person, dass sie gehört und verstanden wird, was dazu beiträgt, ihre emotionalen Abwehrkräfte zu senken.

Empathie spielt bei der 90-Sekunden-Regel eine zentrale Rolle. Wenn eine Person wütend ist, konzentriert sie sich oft darauf, sich missverstanden oder ungerecht behandelt zu fühlen. Sie wollen Bestätigung ihrer Emotionen, und indem Sie Empathie anbieten, können Sie dieses Bedürfnis erfüllen. Aufmerksam zuzuhören und ihre Gefühle anzuerkennen, schafft eine starke emotionale Verbindung. Einfach zu sagen: "Ich sehe, dass du wirklich verärgert darüber bist", kann etwas von der Intensität entschärfen, die sie erleben. Diese Art der Anerkennung bedeutet nicht, dass du mit ihrer Sichtweise einverstanden bist, aber sie zeigt, dass du ihre Emotionen ernst nimmst. Sich gehört zu fühlen, ist eine der schnellsten Möglichkeiten für eine wütende Person, sich zu beruhigen, da sie direkt einen der Kernauslöser von Wut anspricht – die Wahrnehmung, nicht respektiert oder geschätzt zu werden.

Ein weiterer wichtiger Aspekt der 90-Sekunden-Regel ist die Notwendigkeit, sich nicht selbst in die emotionale Eskalation hineinziehen zu lassen. Wenn jemand wütend ist, gibt es eine natürliche Tendenz für die Menschen um ihn herum, diese Emotion zu spiegeln, entweder indem sie defensiv werden oder mit ihrer eigenen Wut reagieren. Diese Reaktion nährt den Konflikt nur. Indem Sie Ihre Gelassenheit bewahren und ruhig bleiben, schaffen Sie ein Gegengewicht zu ihrer emotionalen Intensität. Diese ruhige Präsenz hilft der anderen Person, ihr zu signalisieren, dass sie nicht weiter eskalieren muss, weil du ihrer Wut nicht mit mehr Aggression begegnest. Sie bereiten die Bühne für Deeskalation statt für Konfrontation.

Stille ist auch ein mächtiges Werkzeug innerhalb dieses 90-Sekunden-Fensters. Nachdem Sie die Gefühle der anderen Person anerkannt haben, können Sie ihr einen Moment der Stille geben, damit die natürlichen Prozesse ihres Körpers die Kontrolle übernehmen können. Während dieser Stille beginnt ihr Adrenalinspiegel zu sinken und ihr Körper kehrt in einen ruhigeren Zustand zurück. Diese Pause gibt ihnen auch die Möglichkeit, die Situation besser zu verarbeiten. Oft haben Menschen das Bedürfnis, in angespannten Momenten weiter zu reden oder zu erklären, aber Raum für Stille zu lassen, kann der anderen Person den Raum geben, den sie braucht, um sich emotional neu zu orientieren.

Neben der Stille kann auch das Halten von Blickkontakt – ohne konfrontativ zu sein – die Situation weiter beruhigen. Blickkontakt vermittelt Präsenz und Verbundenheit und lässt die andere Person wissen, dass du im Moment bei ihr bist. Es ist jedoch wichtig, dass dieser Blickkontakt sanft und nicht bedrohlich ist, da ein zu intensiver Blick als Herausforderung interpretiert werden und den Konflikt verschärfen kann. Ein ruhiger, ruhiger Blick hingegen vermittelt Aufrichtigkeit und Aufmerksamkeit.

Wenn es die Situation zulässt, besteht eine weitere wirksame Strategie innerhalb des 90-Sekunden-Rahmens darin, körperliche Bewegung zu fördern. Wenn eine Person wütend ist, erlebt sie aufgrund der Freisetzung von Stresshormonen einen intensiven Energieschub. Wenn Sie der Person vorschlagen, einen Spaziergang zu machen, sich zu dehnen oder sogar ein paar tiefe Atemzüge zu nehmen, kann dies ihr helfen, diese überschüssige Energie körperlich abzubauen. Bewegung verlagert den Fokus weg vom auslösenden Ereignis und hin zu den natürlichen Beruhigungsmechanismen des Körpers, was es der Person ermöglicht, ihre Emotionen effektiver zu regulieren. Vor allem durch tiefes Atmen wird der Parasympathikus aktiviert, der für die Beruhigung des Körpers nach Stress zuständig ist.

Es ist auch wichtig zu erkennen, dass es bei der 90-Sekunden-Regel nicht darum geht, den Ärger der Person zu "reparieren" oder sie dazu zu bringen, sich zu beruhigen. Vielmehr geht es darum, die Voraussetzungen dafür zu schaffen, dass die natürlichen Beruhigungsprozesse des Körpers stattfinden können. Während dieser Zeit besteht das Ziel darin, der Person zu helfen, von ihrem emotional reaktiven Zustand zu einem Ort zu wechseln, an dem sie klarer und rationaler denken kann. Indem Sie ihnen Raum geben und Verständnis zeigen, helfen Sie ihnen, auf den kognitiven Teil ihres Gehirns zuzugreifen – den präfrontalen Kortex –, damit sie anfangen können, die Situation zu durchdenken, anstatt nur darauf zu reagieren.

Die Wirksamkeit der 90-Sekunden-Regel liegt in ihrer Einfachheit und ihrer Ausrichtung auf die Art und Weise, wie Emotionen im Körper wirken. Wut ist, wie jede andere Emotion auch, vorübergehend, wenn sie nicht von ständigen negativen Gedanken genährt wird. Indem du ein paar Schlüsselstrategien anwendest – Empathie zeigen, ein Gefühl der Sicherheit schaffen, deine eigene Ruhe bewahren und Stille zulassen – kannst du helfen, den Kreislauf der eskalierenden Wut zu unterbrechen und die Person in einen ruhigeren Zustand zu führen. Dieser Ansatz nutzt die natürliche Ebbe und Flut der Emotionen und ermöglicht es Ihnen, angespannte Situationen mit minimalen Konflikten zu deeskalieren. Das Schöne an der 90-Sekunden-Regel ist, dass sie sich nicht auf komplizierte Techniken verlässt; Stattdessen nutzt es grundlegende menschliche Verbindungen und Verständnis, um eine wütende Person wieder an einen Ort der Ruhe zu bringen, oft schneller als erwartet.

TEIL I

Die Psychologie der Wut

KAPITEL 1
DIE WURZELN DES ZORNS

DIE VIER REITER DER APOKALYPSE

Das Konzept der "Vier Reiter der Apokalypse", das ursprünglich in religiösen Texten verwurzelt ist, wurde in der modernen Psychologie adaptiert, um die vier primären Kommunikationsverhaltensweisen zu beschreiben, die, wenn sie nicht kontrolliert werden, zum Zusammenbruch von Beziehungen und zur Eskalation von Konflikten führen können. Der Begriff wurde von Dr. John Gottman populär gemacht, einem renommierten Psychologen, dessen umfangreiche Forschungen über Beziehungen zeigten, dass diese vier Verhaltensweisen – Kritik, Verachtung, Abwehrhaltung und Mauern – in hohem Maße für das Scheitern von Beziehungen und anhaltende Zwietracht prädiktiv sind. Wenn sich diese Verhaltensweisen in angespannten Momenten zeigen, z. B. wenn jemand wütend ist, verstärken sie negative Emotionen und erhöhen die Wahrscheinlichkeit eines längeren Konflikts. Das Verständnis dieser vier destruktiven Tendenzen ist wichtig, um sie zu vermeiden und stattdessen gesündere, produktivere Interaktionen zu fördern, insbesondere in Momenten erhöhter Emotionen.

Kritik ist der erste der vier Reiter und eine der häufigsten Methoden, wie Konflikte außer Kontrolle geraten können. Während das Äußern von Beschwerden oder Beschwerden ein normaler Bestandteil der Kommunikation ist, geht Kritik über das bloße Aufzeigen eines Problems hinaus. Es zielt auf den Charakter oder die Persönlichkeit der anderen Person ab, anstatt das spezifische Verhalten anzugehen, das das Problem verursacht hat. Anstatt zum Beispiel zu sagen: "Ich bin frustriert, dass du vergessen hast, den Müll rauszubringen", wäre eine kritische Antwort: "Du denkst nie an jemand anderen; Du bist so egoistisch." Diese Verschiebung von der

Auseinandersetzung mit einem Verhalten hin zu einem pauschalen Urteil über den Charakter einer Person macht das Gespräch persönlich und intensiviert Emotionen wie Wut, Groll und Abwehrhaltung. Wenn sich jemand auf persönlicher Ebene angegriffen fühlt, ist es viel wahrscheinlicher, dass er mit Feindseligkeit oder Rückzug reagiert und den Konflikt weiter eskaliert.

Der Schaden, den Kritik anrichtet, rührt von ihrer Tendenz her, im Gegenzug Abwehrhaltung oder Aggression zu provozieren. Wenn eine Person kritisiert wird, fühlt sie sich in die Enge getrieben, als müsste sie ihre eigene Identität verteidigen und nicht nur ihre Taten. Dies führt zu einer reaktiveren und weniger durchdachten Kommunikation. Im Zusammenhang mit der Beruhigung einer Person ist es wichtig, Kritik zu vermeiden, da sie verhindert, dass sich die Person unfair beurteilt oder missverstanden fühlt. Wenn eine Person bereits verärgert ist, kann das Hören von Kritik als Auslöser wirken, der es ihr viel schwerer macht, ihre Emotionen zu deeskalieren und sich auf eine ruhige Diskussion einzulassen. Ein effektiverer Ansatz besteht darin, sich darauf zu konzentrieren, Gefühle und Bedürfnisse auf eine Weise auszudrücken, die sich auf das jeweilige Problem konzentriert, anstatt einen persönlichen Angriff zu starten.

Der zweite Reiter, die Verachtung, gilt als der gefährlichste der vier. Verachtung geht über bloße Kritik hinaus; Es vermittelt ein Gefühl der Überlegenheit und des Ekels gegenüber der anderen Person. Dies äußert sich oft in Sarkasmus, Spott, Augenrollen oder herabsetzenden Kommentaren. Verächtliche Kommunikation signalisiert der anderen Person, dass sie unter dir steht, was zutiefst verletzend und schädlich für die Beziehung sein kann. Wenn du zum Beispiel auf die Frustration von jemandem reagierst, indem du sagst: "Oh, natürlich bist du verärgert, weil sich immer alles um dich drehen muss", führt das zu einem Maß an Verachtung, das Wut und Abwehrhaltung noch verstärkt. Wenn Verachtung in das Gespräch kommt, nimmt die emotionale Intensität des Konflikts dramatisch zu, was es für beide Parteien viel schwieriger macht, sich zu beruhigen und sich konstruktiv zu engagieren.

Verachtung ist besonders giftig, weil sie die Grundlage des gegenseitigen Respekts und der Empathie untergräbt, die es Menschen ermöglicht, Konflikte zu lösen. Wenn jemand das Gefühl hat, mit Verachtung behandelt zu werden, ist seine natürliche Reaktion, entweder um sich zu schlagen oder ganz abzuschalten. In vielen Fällen signalisiert Verachtung, dass eine Person die andere als grundsätzlich unwürdig ansieht, respektiert oder fürsorglich zu sein, was zu tiefen emotionalen Wunden führen kann. Dieser Reiter ist besonders ätzend, weil er dazu neigt, einen Kreislauf der Negativität aufrechtzuerhalten. Sobald Verachtung in ein Gespräch kommt, ist es für beide Parteien leicht, in ein Muster feindseliger Gespräche verwickelt zu werden, was das Vertrauen zerstören und eine Versöhnung erschweren kann. Um Spannungen abzubauen, ist es wichtig, keine Anzeichen von Verachtung zu zeigen, egal wie frustriert oder wütend Sie sein mögen. Stattdessen sollte der Fokus auf Empathie und der Aufrechterhaltung eines Gefühls der gemeinsamen Menschlichkeit liegen, auch inmitten von Meinungsverschiedenheiten.

Der dritte Reiter, die Abwehrhaltung, entsteht oft als Reaktion auf Kritik oder Verachtung. Wenn sich Menschen angegriffen fühlen, egal ob es sich um einen echten oder vermeintlichen Angriff handelt, ist es ihr Instinkt, sich zu verteidigen. Während dies wie eine natürliche Reaktion erscheinen mag, neigt die Abwehrhaltung dazu, den Konflikt zu eskalieren, anstatt ihn zu lösen. Eine defensive Reaktion beinhaltet in der Regel Ausreden, Schuldzuweisungen oder das Ignorieren der Bedenken der anderen Person. Wenn zum Beispiel jemand sagt: "Sie sollten diesen Bericht bis heute fertigstellen", könnte eine defensive Antwort lauten: "Es ist nicht meine Schuld! Du hast mir nie gesagt, wann es fällig ist." Diese Art von Reaktion lenkt von der Verantwortung ab und entkräftet die Frustration der anderen Person, was ihre Wut verstärken und den Streit in die Länge ziehen kann.

Defensive Haltung stellt ein Hindernis für die Lösung von Konflikten dar, weil sie echte Rechenschaftspflicht und Verständnis verhindert. Wenn jemand in die Defensive geht, ist er mehr damit beschäftigt, sich selbst zu schützen, als die Bedenken der anderen Person zu hören oder darauf einzugehen. Dies kann besonders in Situationen schädlich sein, in denen die Emotionen bereits hochkochen, da es der anderen Person suggeriert, dass ihre Gefühle nicht gültig oder wichtig sind. Die Abwehrhaltung schließt auch die Möglichkeit eines konstruktiven Dialogs aus, da sie den Fokus weg von der Lösung des Problems und hin zu einem Hin- und Hertausch von Schuldzuweisungen und Ausreden verlagert. Um zu verhindern, dass die Abwehrhaltung eine angespannte Situation verschlimmert, ist es wichtig, aktives Zuhören zu üben und die Gefühle der anderen Person anzuerkennen, auch wenn Sie nicht ganz mit ihrer Sichtweise einverstanden sind. Indem Sie die Verantwortung für Ihren noch so kleinen Anteil an dem Konflikt übernehmen, öffnen Sie die Tür zu Lösung und Deeskalation.

Der letzte Reiter ist das Mauern, das auftritt, wenn sich eine Person ganz aus dem Gespräch zurückzieht. Dieses Verhalten ist oft eine Reaktion auf das Gefühl, während eines Konflikts überfordert oder emotional überflutet zu sein. Wenn jemand mauert, kann es sein, dass er nicht mehr reagiert, Augenkontakt vermeidet oder sich physisch aus der Situation entfernt. Auch wenn es den Anschein haben mag, dass Mauern eine Möglichkeit ist, sich vor weiterem emotionalem Schaden zu schützen, hat es in der Regel den gegenteiligen Effekt. Die Person, die von Mauern betroffen ist, fühlt sich oft im Stich gelassen oder abgewiesen, was ihre Wut schüren und die Lösung des Konflikts noch schwieriger machen kann. Stonewalling verhindert auch eine sinnvolle Kommunikation, da es signalisiert, dass eine Person nicht mehr bereit ist, sich zu engagieren.

In hochangespannten Situationen kann sich Stonewalling wie eine Verweigerung der Zusammenarbeit oder eine absichtliche Bestrafung anfühlen, wodurch sich die andere Person isoliert und ungehört fühlt. Dies kann ihre Frustration eskalieren lassen und den Konflikt verlängern. Wenn Sie versucht sind, zu mauern, ist es wichtig zu erkennen, dass dieses Verhalten oft ein Zeichen dafür ist, dass Sie eine Pause vom Gespräch brauchen, und kein Hinweis darauf, dass Sie ganz aufhören sollten. Eine kurze Pause einzulegen, um sich zu beruhigen und die Gedanken zu sammeln, ist weitaus effektiver, als sich ganz zurückzuziehen. In Momenten, in denen es zu Blockaden kommt, kann es helfen, das Bedürfnis nach Raum anzuerkennen und sich darauf zu einigen, das Gespräch später noch einmal zu beginnen, um zu verhindern, dass sich die Situation weiter verschlechtert.

Das Verständnis der vier Reiter – Kritik, Verachtung, Abwehrhaltung und Mauern – ist der Schlüssel, um die Muster zu erkennen und zu vermeiden, die Konflikte eskalieren lassen. Diese Verhaltensweisen verstärken nicht nur Wut und Frustration, sondern untergraben auch die Möglichkeit einer Lösung. Indem man sich bewusst ist, wie sich diese Tendenzen manifestieren, und daran arbeitet, ihnen mit Empathie, Verantwortung und offener Kommunikation entgegenzuwirken, wird es möglich, selbst die schwierigsten Gespräche mit mehr Ruhe und Klarheit zu führen. Die Vermeidung dieser destruktiven Verhaltensweisen erfordert bewusste Anstrengungen, insbesondere wenn die Emotionen hochkochen, aber es ist ein wichtiger Schritt, um gesunde Beziehungen aufrechtzuerhalten und zu verhindern, dass Konflikte außer Kontrolle geraten. Wenn Menschen dem Sog der vier Reiter widerstehen und sich stattdessen auf die Deeskalation konzentrieren können, schaffen sie Raum für Verständnis, Heilung und sinnvolle Lösung.

WUT ALS BEWÄLTIGUNGSMECHANISMUS

Wut als menschliche Emotion dient einem komplexen und oft missverstandenen Zweck. Viele Menschen betrachten Wut als rein destruktiv, als etwas, das vermieden oder unterdrückt werden muss, aber Wut kann auch als Bewältigungsmechanismus fungieren. Wenn wir verstehen, welche Rolle Wut spielt, wenn es darum geht, Menschen dabei zu helfen, mit wahrgenommenen Bedrohungen, emotionalem Schmerz oder unerfüllten Bedürfnissen umzugehen, können wir besser damit umgehen. Wut ist in ihrem Wesen ein Abwehrmechanismus, eine psychologische und physiologische Reaktion, die entsteht, wenn wir uns verletzlich oder angegriffen fühlen, und sie verdeckt oft tiefere Emotionen wie Angst, Traurigkeit oder Frustration. Das Erkennen von Wut als Bewältigungsmechanismus kann ein entscheidender Schritt sein, um zu lernen, wie wir jemanden beruhigen können, der wütend ist, oder um mit unseren eigenen emotionalen Reaktionen umzugehen.

Im Kern ist Wut eine natürliche Reaktion auf das Gefühl, bedroht oder verletzt zu werden. Wenn eine Person in eine Situation gerät, in der sie sich machtlos oder nicht respektiert fühlt, kann Wut entstehen, um die Kontrolle zurückzugewinnen oder Grenzen durchzusetzen. Diese Reaktion ist tief in den Überlebensmechanismen des Gehirns verwurzelt. Wenn eine Person eine Gefahr wahrnimmt – sei es eine physische oder eine psychische Bedrohung – löst die Amygdala, das emotionale Zentrum des Gehirns, eine Kampf-oder-Flucht-Reaktion aus. Wut, die Teil der "Kampf"-Seite dieser Gleichung ist, bereitet den Körper darauf vor, sich der wahrgenommenen Bedrohung zu stellen. Auf diese Weise wirkt Wut wie ein Schutzschild, der die Person vor weiterem Schaden schützt, sowohl emotional als auch körperlich. Während diese Reaktion in der Antike überlebenswichtig war, manifestiert sie sich in der heutigen Welt oft auf weniger produktive Weise, insbesondere in zwischenmenschlichen Beziehungen.

Die Funktion von Wut als Bewältigungsmechanismus wird deutlicher, wenn wir ihre Rolle bei der Durchsetzung von Macht und Kontrolle in Situationen betrachten, in denen sich ein Individuum hilflos fühlt. Wenn sich eine Person ausgegrenzt, ungehört oder missachtet fühlt, kann Wut an die Oberfläche kommen, um ein Gefühl der Autorität zurückzugewinnen. Zum Beispiel kann jemand, der das Gefühl hat, dass seine Meinung ständig abgelehnt wird, wütend werden, um andere zu zwingen, aufmerksam zu sein. In diesem Zusammenhang dient Wut als Signal, dass etwas nicht stimmt – dass die Bedürfnisse oder Werte der Person nicht respektiert werden. Während der Ausdruck von Wut andere abstoßen kann, besteht das zugrunde liegende Ziel oft darin, ein Gefühl des Gleichgewichts wiederherzustellen, indem verlangt wird, dass die Stimme oder die Gefühle der Person anerkannt werden.

Wut kann auch eine Möglichkeit sein, mit Gefühlen der Verletzlichkeit umzugehen. Viele Menschen, vor allem solche, die verletzt oder traumatisiert wurden, nutzen Wut, um sich vor emotionalem Schmerz zu schützen. Wenn sich jemand roh oder entblößt fühlt, kann Wut eine sicherere Emotion sein als Traurigkeit oder Angst. Es schafft eine Barriere zwischen dem Individuum und seinen zugrunde liegenden Verletzlichkeiten, die es ihm ermöglichen, mehr Kontrolle über seine Emotionen zu haben. Auf diese Weise wird Wut zu einem Schutzschild, der andere daran hindert, den Schmerz oder die Unsicherheit des Einzelnen zu sehen. Dies kann zwar eine vorübergehende Linderung verschaffen, hindert die Person jedoch oft daran, die tieferen Probleme anzusprechen, die im Spiel sind. Wenn Wut verwendet wird, um Schmerz zu maskieren, kann sie Menschen in einem Kreislauf ungelöster Emotionen gefangen halten, was es für sie schwieriger macht, dauerhaften Frieden oder eine Lösung zu finden.

Darüber hinaus wird Wut oft ausgelöst, wenn das Gerechtigkeitsgefühl oder die Fairness einer Person verletzt wird. Menschen nutzen Wut, um mit Situationen fertig zu werden, die sich ungerecht oder moralisch falsch anfühlen, da sie sie dazu bringt, Maßnahmen zu ergreifen oder für das einzustehen, was sie für richtig halten. In diesen Fällen kann Wut einem positiven Zweck dienen, indem sie soziale Bewegungen oder persönliches Wachstum antreibt. Wenn Wut richtig kanalisiert wird, kann sie Menschen dazu motivieren, sich mit Ungerechtigkeit auseinanderzusetzen, schädliche Systeme in Frage zu stellen oder Veränderungen in ihrem eigenen Leben anzustreben. Wenn sie jedoch unkontrolliert oder fehlgeleitet wird, kann dieselbe Wut destruktiv werden und zu aggressiven Ausbrüchen oder feindseligem Verhalten führen, die andere entfremden und den Konflikt aufrechterhalten, anstatt ihn zu lösen.

In zwischenmenschlichen Beziehungen ist Wut häufig ein Bewältigungsmechanismus für Gefühle der Ablehnung oder Unzulänglichkeit. Wenn jemand das Gefühl hat, nicht geschätzt oder geliebt zu werden, kann Wut zu einer Möglichkeit werden, diese tief sitzenden Ängste zu überdecken. Zum Beispiel kann eine Person, die sich in einer Beziehung vernachlässigt fühlt, wütend um sich schlagen, um ihr Bedürfnis nach Aufmerksamkeit oder Zuneigung auszudrücken. Anstatt sich offen zu Gefühlen der Einsamkeit oder Verletzlichkeit zu bekennen, nutzen sie Wut, um mit dem Schmerz der wahrgenommenen Ablehnung fertig zu werden. Dieser Ansatz bietet zwar eine vorübergehende Linderung, verschlimmert das Problem aber oft, da Wut dazu neigt, andere eher wegzustoßen, als sie näher zu bringen. Wenn man diese Dynamik versteht, wird es einfacher zu verstehen, warum eine wütende Person Mitgefühl und Empathie braucht statt Verurteilung oder Kritik.

In manchen Fällen dient Wut auch als Abwehr gegen Schuld- oder Schamgefühle. Wenn jemand das Gefühl hat, versagt oder etwas falsch gemacht zu haben, kann Wut eine Möglichkeit sein, diese unangenehmen Emotionen auf andere abzulenken. Anstatt ihre eigenen Fehler oder Unzulänglichkeiten zuzugeben, werden sie vielleicht wütend auf diejenigen, die sie darauf hinweisen, und nutzen Wut, um ihr Selbstwertgefühl zu schützen. Diese defensive Wut verhindert oft Wachstum oder Versöhnung, da sie den Einzelnen davon abhält, seine Rolle in dem Konflikt anzuerkennen oder die Verantwortung für sein Handeln zu übernehmen. Es kann auch einen Kreislauf von Schuldzuweisungen und Abwehrhaltung aufrechterhalten, was es für beide Parteien schwieriger macht, ihre Differenzen zu lösen.

Ein weiterer wichtiger Aspekt von Wut als Bewältigungsmechanismus ist ihre Fähigkeit, ein Gefühl von Energie oder Sinn zu vermitteln. Für viele Menschen kann sich Wut ermächtigend anfühlen, besonders in Situationen, in denen sie sich hilflos oder machtlos fühlen. Das Adrenalin, das mit Wut einhergeht, gibt einen Energieschub und lässt die Person sich stärker und fähiger fühlen, sich der vor ihr liegenden Herausforderung zu stellen. Dieses Gefühl der Ermächtigung kann besonders für diejenigen attraktiv sein, die mit Gefühlen der Depression oder Passivität zu kämpfen haben. Wut bietet einen Ausweg aus dieser emotionalen Lähmung und bietet ein Gefühl von Richtung und Sinn, wenn auch nur für kurze Zeit. Während Wut diesen vorübergehenden Schub geben kann, führt sie oft zu Burnout oder weiterer emotionaler Erschöpfung, wenn sie nicht richtig gehandhabt wird.

Während Wut in vielerlei Hinsicht als Bewältigungsmechanismus dienen kann, ist es wichtig zu erkennen, dass es auch Nachteile hat, sich auf Wut zu verlassen, um mit schwierigen Emotionen oder Situationen umzugehen. Obwohl sie vorübergehende Erleichterung oder Schutz bieten kann, geht Wut selten an der Wurzel des Problems an. Tatsächlich verschlimmert es oft die zugrunde liegenden Probleme und führt auf lange Sicht zu mehr Stress, Isolation und emotionalen Turbulenzen. Wenn Wut zur Standardreaktion auf Frustration, Schmerz oder Ungerechtigkeit wird, kann sie Beziehungen untergraben, das

Selbstwertgefühl schädigen und den Einzelnen daran hindern, gesündere Wege zu finden, mit seinen Emotionen umzugehen.

Um über Wut als Bewältigungsmechanismus hinauszugehen, ist es wichtig, die zugrunde liegenden Emotionen zu identifizieren, die die Wut antreiben. Dies erfordert Selbsterkenntnis und die Bereitschaft, sich schwierigen Gefühlen wie Angst, Traurigkeit, Schuld oder Unzulänglichkeit zu stellen. Indem sie diese tieferen Emotionen anerkennen und ansprechen, können Einzelpersonen beginnen, den Kreislauf der Wut zu durchbrechen und konstruktivere Wege zu finden, um mit ihren Herausforderungen umzugehen. Dabei kann es darum gehen, sich Unterstützung von anderen zu suchen, Achtsamkeits- oder Entspannungstechniken zu üben oder bessere Kommunikationsfähigkeiten zu entwickeln. Es ist auch hilfreich zu erkennen, dass Wut oft unerfüllte Bedürfnisse verdeckt – sei es nach Respekt, Liebe, Sicherheit oder Bestätigung – und Wege zu finden, diese Bedürfnisse zu erfüllen, kann die Abhängigkeit von Wut als Bewältigungsmittel verringern.

Zusammenfassend lässt sich sagen, dass Wut in bestimmten Situationen zwar eine schützende und ermächtigende Rolle spielen kann, aber letztendlich ein Bewältigungsmechanismus ist, der oft komplexere Emotionen verbirgt. Wenn man Wut in diesem Zusammenhang versteht, wird es möglich, sich ihr mit größerem Einfühlungsvermögen und Einsicht zu nähern, sowohl bei sich selbst als auch bei anderen. Die Erkenntnis, dass Wut nicht das Problem an sich ist, sondern eine Reaktion auf tiefere emotionale Herausforderungen, öffnet die Tür zu gesünderen Wegen, mit Konflikten und Stress umzugehen. Anstatt Wut als etwas zu betrachten, das unterdrückt oder gefürchtet werden muss, kann sie als Signal gesehen werden, dass tiefere Arbeit geleistet werden muss, sei es bei der Bewältigung unerfüllter Bedürfnisse, der Heilung vergangener Wunden oder dem Erlernen neuer Wege, um mit den unvermeidlichen Frustrationen des Lebens umzugehen.

DIE BIOLOGIE DES ZORNS

Wut ist eine mächtige Emotion, die nicht nur unsere Gedanken und Verhaltensweisen, sondern auch unseren Körper auf einer grundlegenden Ebene beeinflusst. Um die Biologie der Wut vollständig zu verstehen, ist es wichtig, die physiologischen Prozesse zu erforschen, die im Gehirn und im Körper ablaufen, wenn diese Emotion ausgelöst wird. Wut ist ein Überlebensmechanismus, der tief in unserer Evolutionsgeschichte verwurzelt ist und uns helfen soll, uns gegen wahrgenommene Bedrohungen zu verteidigen. Es handelt sich um ein komplexes Zusammenspiel von neuronalen, hormonellen und körperlichen Reaktionen, die alle dazu dienen, den Körper auf eine Aktion vorzubereiten – oft in Form einer Kampf-oder-Flucht-Reaktion. Indem wir untersuchen, wie sich Wut auf biologischer Ebene manifestiert, können wir besser verstehen, warum sie eine so überwältigende und schwer zu kontrollierende Emotion sein kann.

Das Herzstück der biologischen Reaktion auf Wut ist das limbische System des Gehirns, das für die Regulierung von Emotionen, Motivation und Verhalten verantwortlich ist. Das limbische System umfasst mehrere Schlüsselstrukturen wie die Amygdala, den Hypothalamus und den Hippocampus, die alle eine Rolle bei der Verarbeitung emotionaler Reize spielen. Wenn eine Person eine Bedrohung wahrnimmt – ob real oder imaginär – ist die Amygdala der erste Teil des Gehirns, der reagiert. Es fungiert als Alarmsystem des Gehirns, erkennt Gefahren und löst eine emotionale Reaktion aus. Im Falle von Wut signalisiert die Amygdala dem Rest des Gehirns und des Körpers, dass Maßnahmen erforderlich sind, um der wahrgenommenen Bedrohung entgegenzutreten oder sich dagegen zu verteidigen. Dieser Prozess geschieht fast augenblicklich, oft bevor wir uns unserer Wut überhaupt bewusst sind.

Sobald die Amygdala aktiviert ist, sendet sie Signale an den Hypothalamus, der das autonome Nervensystem des Körpers steuert. Das vegetative Nervensystem ist in zwei Zweige unterteilt: den Sympathikus und den Parasympathikus. Im Falle von Wut übernimmt das sympathische Nervensystem das Kommando und löst die bekannte Kampf-oder-Flucht-Reaktion aus. Diese Reaktion soll den Körper auf ein schnelles, entschlossenes Handeln vorbereiten, unabhängig davon, ob es sich dabei um eine körperliche Konfrontation oder die Flucht aus einer gefährlichen Situation handelt. Die Kampf-oder-Flucht-Reaktion ist durch eine Reihe physiologischer Veränderungen gekennzeichnet, darunter erhöhte Herzfrequenz, schnelle Atmung und erhöhte Muskelspannung. All diese Veränderungen zielen darauf ab, dem Körper die Energie und Kraft zu geben, die er braucht, um eine Bedrohung entweder abzuwehren oder vor ihr zu fliehen.

Einer der wichtigsten Aspekte der biologischen Reaktion auf Wut ist die Freisetzung von Stresshormonen, insbesondere von Adrenalin und Cortisol. Diese Hormone werden von den Nebennieren freigesetzt, die auf den Nieren sitzen. Adrenalin, auch bekannt als Adrenalin, ist verantwortlich für die unmittelbaren körperlichen Veränderungen, die mit Wut verbunden sind, wie z. B. erhöhte Herzfrequenz, erhöhter Blutdruck und ein Energieschub. Cortisol, oft als "Stresshormon" bezeichnet, spielt eine längerfristige Rolle, indem es dem Körper hilft, eine erhöhte Wachsamkeit und Handlungsbereitschaft aufrechtzuerhalten. Diese Hormone sind überlebenswichtig in Gefahrensituationen, aber wenn sie als Reaktion auf alltägliche Stressoren oder zwischenmenschliche Konflikte freigesetzt werden, können sie sich negativ auf die körperliche und geistige Gesundheit auswirken.

Die biologischen Auswirkungen von Wut beschränken sich nicht auf die unmittelbare Kampf-oder-Flucht-Reaktion. Im Laufe der Zeit können chronische Wut oder häufige Episoden intensiver Wut schwerwiegende Folgen für den Körper haben. Eine längere Exposition gegenüber erhöhten Adrenalin- und Cortisolspiegeln kann zu einer Reihe von Gesundheitsproblemen führen, darunter Herz-Kreislauf-Erkrankungen, Bluthochdruck und eine geschwächte Immunfunktion. Dies liegt daran, dass der Körper nicht dafür ausgelegt ist, über längere Zeiträume in einem Zustand erhöhter Erregung zu verharren. Wenn Wut zu einem regelmäßigen Bestandteil des Lebens wird, kann die ständige Aktivierung der Kampf-oder-Flucht-Reaktion das Herz und andere Organe belasten, was zu langfristigen gesundheitlichen Komplikationen führt. Darüber hinaus kann chronische Wut zu psychischen Problemen wie Angstzuständen, Depressionen und erhöhtem Stress beitragen.

Ein weiterer wichtiger Akteur bei der biologischen Reaktion auf Wut ist der präfrontale Kortex, der Teil des Gehirns, der für das Denken, die Entscheidungsfindung und die Impulskontrolle höherer Ordnung verantwortlich ist. Während die Amygdala schnell auf wahrgenommene Bedrohungen reagiert, ist der präfrontale Kortex langsamer und bewusster. Seine Aufgabe ist es, die Situation einzuschätzen, emotionale Reaktionen zu regulieren und dem Einzelnen zu helfen, rationale Entscheidungen zu treffen. In Momenten intensiver Wut kann der präfrontale Kortex jedoch überfordert sein, was zu dem führt, was als "Amygdala-Hijack" bekannt ist. In diesem Zustand übernimmt die Amygdala im Wesentlichen die Kontrolle, und die Person kann impulsiv oder aggressiv handeln, ohne die Konsequenzen ihrer Handlungen zu durchdenken. Das ist der Grund, warum Menschen oft Dinge bereuen, die sie in der Hitze des Gefechts sagen oder tun, sobald der präfrontale Kortex Zeit hatte, die Kontrolle wiederzuerlangen.

Interessanterweise spielt der Neurotransmitter Serotonin auch eine Rolle bei der Modulation von Wut und Aggression. Serotonin wird oft mit Glücksgefühlen und Wohlbefinden in Verbindung gebracht, hilft aber auch, die Stimmung und emotionale Reaktionen zu regulieren. Niedrige Serotoninspiegel wurden mit erhöhter Reizbarkeit, Impulsivität und Aggression in Verbindung gebracht, was erklären könnte, warum manche Menschen anfälliger für Wut sind als andere. Umgekehrt ist ein höherer Serotoninspiegel mit einer größeren emotionalen Stabilität und der Fähigkeit verbunden, in Stresssituationen ruhig zu bleiben. Dies deutet darauf hin, dass bestimmte Personen eine biologische Veranlagung für Wut haben könnten, die auf dem Gleichgewicht der Neurotransmitter in ihrem Gehirn basiert. Es ist jedoch auch möglich, den Serotoninspiegel durch Änderungen des Lebensstils wie Ernährung, Bewegung und Stressbewältigung zu beeinflussen.

Neben dem Gehirn und den Hormonen sind noch andere physiologische Systeme an der Erfahrung von Wut beteiligt. Das Herz-Kreislauf-System zum Beispiel spielt eine entscheidende Rolle bei der Reaktion des Körpers auf Wut. Wenn die Kampf-oder-Flucht-Reaktion ausgelöst wird, pumpt das Herz schneller und stärker, um die Muskeln mit sauerstoffreichem Blut zu versorgen, so dass der Körper schnell auf die wahrgenommene Bedrohung reagieren kann. Dieser Anstieg der Herzfrequenz und des Blutdrucks kann sich jedoch im Laufe der Zeit auch negativ auswirken, insbesondere wenn Ärger häufig auftritt. Studien haben gezeigt, dass Menschen, die unter chronischer Wut leiden, ein höheres Risiko haben, an Herzerkrankungen zu erkranken, da die wiederholte Belastung des Herz-Kreislauf-Systems im Laufe der Zeit zu Schäden führen kann.

Auch die Atemwege sind von Wut betroffen, da der Sauerstoffbedarf des Körpers in Momenten erhöhter Erregung steigt. Schnelles, flaches Atmen ist eine häufige physiologische Reaktion auf Wut, da der Körper versucht, mehr Sauerstoff aufzunehmen, um seine Kampf-oder-Flucht-Reaktion zu verstärken. Diese Veränderung der Atmung kann zu Schwindelgefühlen oder Benommenheit beitragen, was die emotionale Intensität der Wut verstärken kann. In einigen Fällen können Menschen während Episoden intensiver Wut sogar hyperventilieren, was zu Panikgefühlen oder einem Gefühl der Kontrolllosigkeit führen kann. Zu lernen, die Atmung in Momenten der Wut zu regulieren, ist eine Möglichkeit, den Körper zu beruhigen und die Gesamtintensität der emotionalen Reaktion zu reduzieren.

Wut hat auch einen erheblichen Einfluss auf die Muskeln des Körpers. Wenn das sympathische Nervensystem aktiviert wird, spannen sich die Muskeln an, um sich auf die Aktion vorzubereiten. Das ist der Grund, warum sich Menschen oft körperlich angespannt oder verkrampft fühlen, wenn sie wütend sind. Der Körper bereitet sich im Wesentlichen auf eine physische Konfrontation vor, auch wenn die Bedrohung rein psychologisch ist. Im Laufe der Zeit kann diese Muskelverspannung zu körperlichen Beschwerden wie Kopf-, Nacken- oder Rückenschmerzen führen. Chronische Muskelverspannungen, insbesondere in den Schultern und im Nacken, sind ein häufiges körperliches Symptom bei Menschen, die häufig unter Wut oder Stress leiden.

Zusammenfassend lässt sich sagen, dass die Biologie des Zorns ein komplexer Prozess ist, an dem mehrere Systeme im Körper beteiligt sind. Vom limbischen System des Gehirns bis zur Freisetzung von Stresshormonen löst Wut eine Kaskade physiologischer Reaktionen aus, die darauf abzielen, zu schützen und zu verteidigen. Während diese Reaktionen jedoch in wirklich lebensbedrohlichen Situationen nützlich sind, können sie problematisch werden, wenn sie durch alltägliche Stressoren oder zwischenmenschliche Konflikte ausgelöst werden. Das Verständnis der biologischen Grundlagen von Wut ist entscheidend, um zu lernen, wie man mit dieser mächtigen Emotion umgeht und sie reguliert. Durch das Erkennen der körperlichen und neurologischen

Prozesse, die im Spiel sind, wird es möglich, Strategien zur Beruhigung von Körper und Geist zu entwickeln, bevor die Wut in aggressives oder destruktives Verhalten eskaliert.

Obwohl Wut eine natürliche und notwendige Emotion ist, ist es wichtig, ihre biologischen Wurzeln anzuerkennen und zu erkennen, wann sie schädlich wird. Um zu lernen, effektiv mit Wut umzugehen, braucht es nicht nur emotionale Intelligenz, sondern auch ein Verständnis für die physiologischen Reaktionen, die diese Emotion schüren. Durch Selbsterkenntnis und Übung ist es möglich, den biologischen Kreislauf der Wut zu unterbrechen und die Kontrolle über den eigenen emotionalen und körperlichen Zustand wiederzuerlangen. Auf diese Weise kann der Einzelne sowohl seine geistige als auch seine körperliche Gesundheit schützen und einen positiveren und konstruktiveren Umgang mit anderen fördern.

KAPITEL 2

TECHNIKEN ZUR WUTBEWÄLTIGUNG

KOGNITIVE VERHALTENSTHERAPIE (KVT)

Die kognitive Verhaltenstherapie (KVT) ist ein weithin anerkannter und effektiver Ansatz zum Verständnis und zur Bewältigung von Emotionen, Gedanken und Verhaltensweisen. Im Kern konzentriert sich KVT auf die Verbindung zwischen diesen drei Aspekten menschlicher Erfahrung und darauf, wie sie sich gegenseitig beeinflussen. Die Grundprämisse der KVT ist, dass unsere Gedanken unsere Gefühle formen, die wiederum unser Verhalten steuern. Indem wir verzerrte oder nicht hilfreiche Denkmuster erkennen und verändern, können wir die Art und Weise, wie wir uns fühlen und verhalten, ändern, was zu gesünderen Reaktionen auf herausfordernde Situationen führt. Dieser therapeutische Ansatz hat sich bei einer Reihe von emotionalen und psychologischen Problemen wie Wut, Angstzuständen, Depressionen und Stress als wirksam erwiesen.

KVT arbeitet mit dem Glauben, dass Gedanken nicht immer genaue Reflexionen der Realität sind. Wenn Menschen intensive Emotionen wie Wut erleben, werden ihre Gedanken oft verzerrt oder übertrieben. Diese kognitiven Verzerrungen – irrationale oder voreingenommene Denkweisen – können zu emotionalem Stress und problematischen Verhaltensweisen führen. Zum Beispiel kann eine Person, die eine kleine Kränkung als schwere Beleidigung wahrnimmt, einen Wutausbruch erleben und aggressiv reagieren. In solchen Situationen hilft die KVT den Einzelnen zu erkennen, dass ihre Wahrnehmung des Ereignisses möglicherweise nicht ganz korrekt ist. Durch diesen Prozess der kognitiven Umstrukturierung lernen die Individuen, ihre anfänglichen Gedanken in Frage zu stellen und sie durch ausgewogenere und rationalere Perspektiven zu ersetzen.

Eines der Hauptziele der KVT ist es, den Menschen zu helfen, ein größeres Bewusstsein für ihre Denkmuster zu entwickeln und zu zeigen, wie diese Gedanken zu emotionalen und Verhaltensreaktionen beitragen. Dieser Prozess beginnt oft mit der Identifizierung automatischer Gedanken – jener unmittelbaren, reflexiven Gedanken, die als Reaktion auf ein Ereignis entstehen. Im Falle von Wut sind automatische Gedanken in der Regel negativ und können Gefühle von Feindseligkeit oder Frustration eskalieren lassen. Wenn uns zum Beispiel jemand im Verkehr abschneidet, denken wir vielleicht automatisch: "Diese Person ist ein Idiot!" Dieser Gedanke löst sofort eine emotionale Reaktion aus, die zu Wut führt. KVT ermutigt den Einzelnen, innezuhalten und diese automatischen Gedanken zu untersuchen, bevor sie in intensivere Emotionen geraten. Auf diese Weise können sie anfangen zu erkennen, dass solche Gedanken oft voreingenommen oder übermäßig negativ sind.

Sobald automatische Gedanken identifiziert sind, besteht der nächste Schritt in der KVT darin, ihre Gültigkeit zu bewerten. Bei diesem Prozess, der als kognitive Umstrukturierung bezeichnet wird, geht es darum, die Richtigkeit dieser Gedanken in Frage zu stellen und alternative Interpretationen der Situation in Betracht zu ziehen. Anstatt zum Beispiel davon auszugehen, dass die Person, die Sie im Verkehr abgeschnitten hat, absichtlich unhöflich ist, könnten Sie andere Möglichkeiten in Betracht ziehen, z. B. dass der Fahrer abgelenkt ist oder es für einen Notfall eilig hat. Indem Sie Ihre Perspektive erweitern, können Sie die Intensität Ihrer emotionalen Reaktion reduzieren und maßvoller und kontrollierter reagieren. Diese Fähigkeit, Gedanken herauszufordern und neu zu formulieren, ist von zentraler Bedeutung für die Wirksamkeit der KVT, da sie den Einzelnen befähigt, die Kontrolle über seine emotionalen Reaktionen zu übernehmen, anstatt von ihnen überwältigt zu werden.

Ein weiterer wichtiger Aspekt der KVT ist der Fokus auf das Erkennen und Ändern von Kernüberzeugungen. Kernüberzeugungen sind tief verwurzelte, oft unbewusste Ideen, die prägen, wie wir uns selbst, andere und die Welt um uns herum sehen. Diese Überzeugungen werden in der Regel früh im Leben gebildet und können beeinflussen, wie wir Ereignisse interpretieren und auf Herausforderungen reagieren. Zum Beispiel kann jemand, der die Grundüberzeugung hat, dass "die Leute immer hinter mir her sind", in sozialen Situationen eher wütend oder defensiv sein. KVT hilft dem Einzelnen, diese Grundüberzeugungen an die Oberfläche zu bringen und zu prüfen, ob sie richtig oder hilfreich sind. In vielen Fällen sind diese Überzeugungen zu starr oder basieren auf vergangenen Erfahrungen, die nicht mehr die aktuelle Realität widerspiegeln. Durch die Auseinandersetzung mit diesen zugrunde liegenden Überzeugungen hilft KVT dem Einzelnen, flexiblere und anpassungsfähigere Denkweisen zu entwickeln, die seine Anfälligkeit für Wut und andere negative Emotionen verringern können.

Verhaltensstrategien sind eine weitere wichtige Komponente der KVT. Während sich ein Großteil der Therapie auf die Veränderung von Denkmustern konzentriert, betont sie auch, wie wichtig es ist, Verhaltensweisen zu ändern, die negative Emotionen verstärken. Wenn jemand zum Beispiel wütend wird, kann er Verhaltensweisen an den Tag legen, die die Situation verschlimmern, wie z. B. Schreien, Ausschlagen oder Rückzug von anderen. Diese Verhaltensweisen heizen nicht nur die Emotion an, sondern erzeugen auch einen Kreislauf negativer Verstärkung, in dem die Handlungen der Person zu weiterer Wut oder Frustration führen. KVT ermutigt den Einzelnen, diesen Kreislauf zu durchbrechen, indem er gesündere Bewältigungsstrategien und Verhaltensweisen annimmt. Dies kann das Üben von Entspannungstechniken wie tiefes Atmen oder Achtsamkeit beinhalten, um Körper und Geist in

Momenten der Wut zu beruhigen. Es könnte auch darum gehen, durchsetzungsfähige Kommunikationsfähigkeiten zu erlernen, um Bedürfnisse und Bedenken konstruktiv auszudrücken, anstatt auf aggressives oder passiv-aggressives Verhalten zurückzugreifen.

Expositionstechniken werden manchmal in der KVT eingesetzt, um Menschen dabei zu helfen, sich Situationen zu stellen, die intensive Emotionen wie Wut auslösen. Die Idee hinter der Exposition ist, dass der Einzelne durch die schrittweise Konfrontation mit den Situationen, die negative Reaktionen hervorrufen, lernen kann, seine Emotionen effektiver zu tolerieren und zu bewältigen. Zum Beispiel könnte jemand, der in überfüllten Räumen wütend wird, diese Umgebungen ganz meiden und seine Angst und Wut verstärken. KVT würde die Person ermutigen, sich allmählich diesen Situationen auszusetzen, beginnend mit weniger stressigen Umgebungen und bis hin zu herausfordernderen. Durch wiederholtes Exponieren lernt das Individuum, dass es mit diesen Situationen umgehen kann, ohne von Wut überwältigt zu werden, wodurch die Macht, die diese Auslöser auf seinen emotionalen Zustand haben, verringert wird.

KVT betont auch die Bedeutung von Problemlösungsfähigkeiten, insbesondere wenn es um den Umgang mit Wut geht. Oft entsteht Wut aus Gefühlen der Frustration oder Hilflosigkeit, wenn man mit einer schwierigen Situation konfrontiert wird. In diesen Momenten können sich die Betroffenen gefangen fühlen oder keinen Ausweg aus ihrer misslichen Lage sehen, was ihre emotionale Reaktion anheizen kann. KVT hilft Einzelpersonen, praktische Problemlösungstechniken zu entwickeln, um die zugrunde liegenden Probleme anzugehen, die zu ihrer Wut beitragen. Dabei kann es darum gehen, Lösungen für einen wiederkehrenden Konflikt am Arbeitsplatz zu finden oder Wege zu finden, um in einer angespannten Beziehung effektiver zu kommunizieren. Durch die Konzentration auf umsetzbare Schritte befähigt KVT den Einzelnen, die

Kontrolle über die Situation zu übernehmen, anstatt sich als Opfer zu fühlen, wodurch die Intensität seiner emotionalen Reaktion reduziert wird.

Eine der Stärken der KVT ist die strukturierte und zielorientierte Vorgehensweise. Im Gegensatz zu einigen anderen Therapieformen, die sich auf die Erforschung vergangener Erfahrungen oder unbewusster Wünsche konzentrieren, ist die KVT in der Regel auf die Gegenwart ausgerichtet und zielt darauf ab, spezifische Probleme im Hier und Jetzt anzugehen. Dies macht es besonders effektiv für Menschen, die nach praktischen Werkzeugen suchen, um ihre Emotionen, einschließlich Wut, zu bewältigen. Die strukturierte Natur der KVT bedeutet auch, dass der Fortschritt im Laufe der Zeit gemessen werden kann, was dem Einzelnen ein Erfolgserlebnis gibt, während er neue Fähigkeiten erlernt und eine größere Kontrolle über seine emotionalen Reaktionen erlangt. Die Therapiesitzungen werden oft von Hausaufgaben begleitet, bei denen die Therapeuten die in der Therapie erlernten Techniken in realen Situationen üben. Dieser praktische Ansatz stärkt die in der Therapie erlernten Fähigkeiten und hilft dem Einzelnen, Vertrauen in seine Fähigkeit aufzubauen, mit Wut und anderen Emotionen umzugehen.

Die Forschung hat immer wieder gezeigt, dass KVT bei der Behandlung von Wutproblemen sehr effektiv ist. Studien haben gezeigt, dass Personen, die sich einer KVT unterziehen, eine signifikante Verringerung sowohl der Häufigkeit als auch der Intensität ihrer Wut erfahren. Darüber hinaus sind diese Verbesserungen in der Regel von langer Dauer, da die in der Therapie erlernten Fähigkeiten den Einzelnen noch lange nach Beendigung der Therapie zugute kommen. Der Erfolg der KVT bei der Behandlung von Wut ist auf ihren ganzheitlichen Ansatz zurückzuführen, der sich nicht nur mit der unmittelbaren emotionalen Reaktion, sondern auch mit den zugrunde liegenden Denkmustern und Verhaltensweisen befasst, die zu dem Problem beitragen. Indem sie auf die

Ursachen von Wut abzielt, gibt KVT dem Einzelnen die Werkzeuge an die Hand, die er benötigt, um sich aus destruktiven Kreisläufen zu befreien und gesündere Wege zu entwickeln, um mit den Herausforderungen des Lebens umzugehen.

Neben ihrer Wirksamkeit ist KVT auch sehr anpassungsfähig, so dass sie für eine Vielzahl von Personen und Situationen geeignet ist. Unabhängig davon, ob es sich um chronische Wut, ein spezifisches Problem im Zusammenhang mit Wut oder ein breiteres emotionales Problem handelt, kann KVT auf seine Bedürfnisse zugeschnitten werden. Die Therapie kann im Einzel- oder Gruppensetting durchgeführt werden und ist oft über Online-Plattformen verfügbar, wodurch sie für Menschen zugänglich ist, die möglicherweise keinen Zugang zu einer traditionellen persönlichen Therapie haben. Diese Flexibilität hat zur weit verbreiteten Anwendung von KVT im klinischen Umfeld und zu ihrer Beliebtheit als Mittel zur Behandlung von Wut und anderen emotionalen Herausforderungen beigetragen.

Die kognitive Verhaltenstherapie ist ein bewährter und effektiver Ansatz zur Bewältigung von Wut, indem sie sich mit der komplizierten Beziehung zwischen Gedanken, Emotionen und Verhaltensweisen befasst. Indem sie dem Einzelnen hilft, verzerrte Denkmuster zu erkennen und zu ändern, automatische Gedanken in Frage zu stellen und gesündere Verhaltensreaktionen zu entwickeln, bietet KVT praktische Werkzeuge, um auf konstruktive und dauerhafte Weise mit Wut umzugehen. Der Schwerpunkt liegt auf kognitiver Umstrukturierung, der Untersuchung von Grundüberzeugungen und der Problemlösung, die den Einzelnen mit den Fähigkeiten ausstattet, die er benötigt, um herausfordernde Situationen mit größerer emotionaler Kontrolle und Widerstandsfähigkeit zu meistern. Durch ihren strukturierten, evidenzbasierten Ansatz befähigt KVT den Einzelnen, die Verantwortung für seine emotionalen

Reaktionen zu übernehmen und ein ausgeglicheneres, erfüllteres Leben zu führen.

ACHTSAMKEIT UND MEDITATION

Achtsamkeit und Meditation sind mächtige Werkzeuge, die Menschen dabei helfen können, intensive Emotionen, einschließlich Wut, mit größerem Bewusstsein und Kontrolle zu bewältigen. Beide Praktiken stammen aus alten Traditionen, insbesondere aus solchen, die im Buddhismus und in östlichen Philosophien verwurzelt sind, aber sie haben in der modernen Psychologie und im Wellnessbereich aufgrund ihrer Wirksamkeit bei der Bewältigung emotionaler Reaktionen breite Anerkennung gefunden. Das Wesen der Achtsamkeit liegt in der Fähigkeit, voll und ganz im Moment präsent zu bleiben und seine Gedanken, Gefühle und körperlichen Empfindungen ohne Urteil oder Reaktion zu beobachten. Wenn sie auf Situationen mit Wut angewendet wird, ermöglicht Achtsamkeit dem Einzelnen, innezuhalten, seinen emotionalen Zustand anzuerkennen und bewusste Entscheidungen darüber zu treffen, wie er reagieren soll, anstatt sich von der Intensität der Emotion mitreißen zu lassen.

Meditation, die oft in Verbindung mit Achtsamkeit angewendet wird, beinhaltet die bewusste Fokussierung der Aufmerksamkeit, normalerweise auf den Atem, ein Geräusch oder ein bestimmtes Objekt, um einen Zustand der Ruhe und geistigen Klarheit zu kultivieren. Durch konsequentes Üben trainiert Meditation den Geist, weniger reaktiv und zentrierter zu werden, was besonders vorteilhaft bei der Bewältigung von Wut ist. Indem sie lernen, den Geist zu beruhigen und Emotionen zu beobachten, ohne sofort darauf zu reagieren, können Individuen die Fähigkeit entwickeln, sich von den automatischen Reaktionen zu lösen, die oft mit Wut einhergehen, wie z. B. Auspeitschen oder Zurückziehen. Stattdessen können sie sich ihren emotionalen Erfahrungen mit Neugier und Mitgefühl nähern, was die Intensität und Dauer der Wut drastisch reduzieren kann.

Einer der Schlüsselmechanismen, durch die Achtsamkeit und Meditation bei der Bewältigung von Wut helfen, ist ihre Wirkung auf das Gehirn. Neurowissenschaftliche Untersuchungen haben gezeigt, dass regelmäßige Achtsamkeits- und Meditationspraxis zu strukturellen Veränderungen im Gehirn führen kann, insbesondere in Bereichen, die an der emotionalen Regulation und Stressreaktion beteiligt sind. Studien haben zum Beispiel herausgefunden, dass Meditation die Dichte der grauen Substanz im präfrontalen Kortex erhöht, dem Teil des Gehirns, der für die exekutive Funktion, die Entscheidungsfindung und die Impulskontrolle verantwortlich ist. Dies deutet darauf hin, dass Achtsamkeit die Fähigkeit einer Person verbessern kann, ihre emotionalen Reaktionen zu regulieren, wodurch sie in Momenten der Wut weniger anfällig für impulsive Reaktionen wird.

Darüber hinaus hat sich gezeigt, dass Achtsamkeit die Aktivität in der Amygdala, dem emotionalen Zentrum des Gehirns, reduziert, das oft in stressigen oder bedrohlichen Situationen ausgelöst wird. Die Amygdala ist für die Kampf-oder-Flucht-Reaktion verantwortlich, die den Körper auf das Handeln im Angesicht der wahrgenommenen Gefahr vorbereitet. Während diese Reaktion für das Überleben in gefährlichen Situationen unerlässlich ist, kann sie kontraproduktiv sein, wenn sie durch alltägliche Frustrationen oder zwischenmenschliche Konflikte ausgelöst wird. Durch die Beruhigung der Amygdala kann die Achtsamkeitspraxis die Intensität der emotionalen Reaktion verringern, so dass der Einzelne die Situation mit größerer Ruhe und Perspektive angehen kann. Im Laufe der Zeit berichten Achtsamkeitspraktiker oft, dass sie das Gefühl haben, ihre Emotionen besser unter Kontrolle zu haben, selbst in Situationen, die zuvor starke Wutgefühle ausgelöst hätten.

Die Praxis der Achtsamkeit lehrt den Einzelnen, seine Gedanken und Gefühle zu beobachten, ohne sich an sie zu binden. Dies ist besonders relevant, wenn es um Wut geht, da sich die Menschen oft in ihren Gedanken verstricken, was es ihnen ermöglicht, die Emotionen zu schüren und zu verstärken. Wenn jemand zum Beispiel wütend ist, kann er über die Situation nachdenken, die die Wut ausgelöst hat, sie in seinem Kopf abspielen und Gefühle von Ungerechtigkeit oder Groll verstärken. Dieser Kreislauf des Grübelns kann die Wut eskalieren lassen und es schwieriger machen, damit umzugehen. Achtsamkeit durchbricht diesen Kreislauf, indem sie den Einzelnen ermutigt, von seinen Gedanken zurückzutreten und sie als vorübergehende geistige Ereignisse und nicht als absolute Wahrheiten zu betrachten. Dieser Perspektivenwechsel kann unglaublich ermächtigend sein, da er dem Einzelnen hilft zu erkennen, dass er die Fähigkeit hat, seine Beziehung zu seinen Gedanken und damit auch zu seinen Emotionen zu verändern.

Meditation, insbesondere Achtsamkeitsmeditation, trainiert den Einzelnen auch, sich auf den gegenwärtigen Moment zu konzentrieren, anstatt sich in vergangenen Kränkungen oder Zukunftssorgen zu verfangen, die beide Wut schüren können. In vielen Fällen wurzelt Wut entweder in vergangenen Erfahrungen, die dazu geführt haben, dass sich eine Person ungerecht behandelt fühlt, oder in Ängsten darüber, was in der Zukunft passieren könnte. Indem sie sich auf den gegenwärtigen Moment konzentriert, hilft die Meditation, den Einzelnen im Hier und Jetzt zu erden und das geistige Geschwätz zu reduzieren, das oft mit Wut einhergeht. Dieser Fokus auf die Gegenwart kann dem Einzelnen auch helfen, Klarheit über die Ursache seines Ärgers zu gewinnen, und ermöglicht es ihm, die Situation effektiver anzugehen. Anstatt aus Gewohnheit oder alten Mustern zu reagieren, eröffnet Achtsamkeit Raum für bewusste, intentionale Reaktionen.

Atemübungen sind oft ein fester Bestandteil sowohl der Achtsamkeits- als auch der Meditationspraxis und spielen eine besonders wichtige Rolle bei der Bewältigung von Wut. Wenn eine Person wütend wird, wird ihre Atmung in der Regel flach und schnell, was das Gefühl, außer Kontrolle zu geraten, weiter verschlimmern kann. Durch die bewusste Konzentration auf tiefes, langsames Atmen können Individuen ihre physiologische Reaktion auf Wut beruhigen, was wiederum dazu beiträgt, den Geist zu beruhigen. Diese Verbindung zwischen dem Atem und dem emotionalen Zustand ist gut dokumentiert, und viele Achtsamkeitspraktiken betonen, wie wichtig es ist, den Atem in Momenten emotionaler Intensität als Anker zu nutzen. Selbst in der Hitze des Zorns können ein paar tiefe Atemzüge eine Pause schaffen, die dem Einzelnen Zeit gibt, eine maßvollere und durchdachtere Reaktion zu wählen.

Ein weiterer wichtiger Aspekt der Achtsamkeit, der für den Umgang mit Wut besonders relevant ist, ist die Kultivierung eines nicht wertenden Bewusstseins. Wut bringt oft ein starkes Gefühl der Verurteilung mit sich, sowohl gegenüber sich selbst als auch gegenüber anderen. Zum Beispiel könnte jemand, der wütend ist, sich innerlich dafür kritisieren, dass er die Kontrolle verloren hat, oder er könnte die andere Person, die in die Situation verwickelt ist, als völlig schuldig beurteilen. Diese Urteile können Öl ins Feuer gießen, den Ärger verstärken und es schwieriger machen, die Situation zu lösen. Achtsamkeit ermutigt den Einzelnen, seine Gedanken und Emotionen ohne Urteil zu beobachten und sie einfach als Teil der menschlichen Erfahrung anzuerkennen. Diese Praxis des nicht wertenden Bewusstseins kann ein Gefühl des Mitgefühls und des Verständnisses schaffen, sowohl für sich selbst als auch für andere, was dazu beitragen kann, Wut zu zerstreuen und zu produktiveren Ergebnissen zu führen.

Achtsamkeit und Meditation sind keine schnellen Lösungen für Wut, sondern langfristige Praktiken, die konsequente Anstrengung und Engagement erfordern. Die

Vorteile dieser Praktiken gehen jedoch weit über die Wutbewältigung hinaus. Personen, die regelmäßig Achtsamkeit und Meditation praktizieren, berichten oft von Verbesserungen des allgemeinen emotionalen Wohlbefindens, einer größeren Widerstandsfähigkeit gegenüber Stress und verbesserten Beziehungen. Diese Praktiken lehren den Einzelnen, wie er in seinem täglichen Leben präsenter und bewusster sein kann, was einen tiefgreifenden Einfluss darauf haben kann, wie er mit herausfordernden Situationen umgeht. Durch die Entwicklung der Fähigkeit, auch angesichts von Provokationen ruhig und zentriert zu bleiben, können Individuen nicht nur ihre eigene Wuterfahrung reduzieren, sondern auch eine friedlichere und harmonischere Umgebung für die Menschen um sie herum schaffen.

Achtsamkeit und Meditation in den Alltag zu integrieren, kann auf verschiedene Weise erfolgen. Formelle Meditationssitzungen, bei denen sich die Individuen Zeit nehmen, um ruhig zu sitzen und sich auf ihren Atem oder ein bestimmtes Objekt der Aufmerksamkeit zu konzentrieren, sind eine Option. Achtsamkeit kann aber auch informell über den Tag verteilt praktiziert werden, indem man das Bewusstsein für alltägliche Aktivitäten wie Essen, Gehen oder sogar Gespräche schärft. Der Schlüssel liegt darin, diese Aktivitäten mit voller Aufmerksamkeit und einer Haltung der Offenheit und Neugier anzugehen, anstatt den Geist abschweifen zu lassen oder sich ablenken zu lassen. Im Laufe der Zeit kann dieses achtsame Bewusstsein zu einem natürlichen Teil der Interaktion des Einzelnen mit der Welt werden und es einfacher machen, in schwierigen Situationen ruhig und zentriert zu bleiben.

Eine der größten Stärken von Achtsamkeit und Meditation ist, dass sie den Einzelnen befähigen, die Kontrolle über sein eigenes emotionales Wohlbefinden zu übernehmen. Anstatt sich auf externe Faktoren oder andere Menschen zu verlassen, um ihre Wut zu lösen, können Einzelpersonen diese Praktiken nutzen, um inneren Frieden und Stabilität zu kultivieren. Dieses Gefühl der Selbstbeherrschung ist besonders wichtig in Situationen, in denen Wut aus Umständen entsteht, die außerhalb der eigenen Kontrolle liegen. Obwohl es nicht immer möglich ist, die äußere Situation zu ändern, bieten Achtsamkeit und Meditation eine Möglichkeit, die Art und Weise zu ändern, wie man darauf reagiert, und fördern ein größeres Gefühl der Handlungsfähigkeit und emotionalen Freiheit.

Achtsamkeit und Meditation bieten wertvolle Werkzeuge zur Bewältigung von Wut, indem sie ein größeres Bewusstsein, eine emotionale Regulierung und einen Fokus auf den gegenwärtigen Moment fördern. Durch konsequentes Üben können Einzelpersonen die Fähigkeit entwickeln, ihre Emotionen zu beobachten, ohne von ihnen überwältigt zu werden, und so Raum für durchdachtere und konstruktivere Reaktionen schaffen. Die Vorteile von Achtsamkeit und Meditation gehen weit über die Wutbewältigung hinaus und tragen zum allgemeinen emotionalen Wohlbefinden und zur Widerstandsfähigkeit angesichts der Herausforderungen des Lebens bei. Durch die Integration dieser Praktiken in das tägliche Leben können Individuen ein größeres Gefühl der Ruhe und Klarheit entwickeln, sowohl in sich selbst als auch in ihren Interaktionen mit anderen.

ENTSPANNUNGSTECHNIKEN

Entspannungstechniken sind unverzichtbare Werkzeuge zur Bewältigung von Wut und Stress und helfen dem Einzelnen, in Momenten intensiver Frustration die Kontrolle über seine Emotionen wiederzuerlangen. Zu den effektivsten Methoden gehören tiefes Atmen und progressive Muskelentspannung, die beide auf die physiologischen Reaktionen abzielen, die mit Wut einhergehen. Indem sie den Körper beruhigen, beruhigen diese Techniken auch den Geist und durchbrechen den Kreislauf der eskalierenden

Emotionen, die zu Konfrontationen oder schädlichem Verhalten führen können.

Die tiefe Atmung, oft auch als Zwerchfell- oder Bauchatmung bezeichnet, ist eine der einfachsten, aber dennoch kraftvollsten Entspannungstechniken, die es gibt. Wenn eine Person wütend wird, wird ihre Atmung in der Regel schnell und flach und nährt die Kampf-oder-Flucht-Reaktion des Körpers. Diese flache Atmung begrenzt die Menge an Sauerstoff, die das Gehirn erreicht, was die kognitiven Funktionen beeinträchtigen und das Spannungsgefühl verstärken kann. Tiefes Atmen wirkt, indem es dieser Reaktion entgegenwirkt, so dass sich der Körper entspannen und der Geist wieder Klarheit gewinnen kann.

Der Prozess des tiefen Atmens beinhaltet die Konzentration auf langsame, bewusste Atemzüge, die das Zwerchfell und nicht nur die Brust vollständig aktivieren. Wenn sich das Zwerchfell zusammenzieht, füllt sich die Lunge mit Luft und der Bauch dehnt sich aus, was eine vollständige Aufnahme von Sauerstoff ermöglicht. Diese Technik hilft, das parasympathische Nervensystem zu stimulieren, das für die Entspannungsreaktion des Körpers verantwortlich ist. Je mehr Sauerstoff durch den Körper fließt, desto langsamer verlangsamt sich die Herzfrequenz, der Blutdruck sinkt und die Muskeln beginnen, sich zu entspannen. Diese körperliche Entspannung sendet ein Signal an das Gehirn, dass die wahrgenommene Bedrohung oder der Stressor nicht mehr dringend ist, was es einfacher macht, emotionale Reaktionen, einschließlich Wut, zu bewältigen.

Die Schönheit des tiefen Atmens liegt in seiner Zugänglichkeit – es kann überall und jederzeit praktiziert werden. Ob in der Hitze eines Streits, in einem stressigen Arbeitsumfeld oder sogar in der Privatsphäre des eigenen Zuhauses, tiefes Atmen kann ein schnelles und effektives Mittel sein, um Ärger zu entschärfen. Mit der Zeit fällt es Menschen, die regelmäßig tiefes Atmen üben, leichter, diesen Zustand der Ruhe zu erreichen, wenn sie mit auslösenden

Situationen konfrontiert werden. Indem sie einfach ihren Fokus auf ihren Atem verlagern, schaffen sie eine Pause zwischen dem Auslöser und ihrer emotionalen Reaktion und geben ihnen die Möglichkeit, zu wählen, wie sie reagieren.

Die Progressive Muskelentspannung (PMR) ist eine weitere hochwirksame Entspannungstechnik, die besonders nützlich ist, um körperliche Verspannungen zu lösen, die oft mit Wut einhergehen. Bei dieser Methode werden verschiedene Muskelgruppen im Körper nacheinander angespannt und dann langsam entspannt. Die Praxis dient zwei Zwecken: Erstens hilft sie dem Einzelnen, sich bewusster zu werden, wo er Spannungen in seinem Körper hat; Zweitens sorgt es für ein unmittelbares Gefühl der Erleichterung, indem es diese Spannung löst. Wenn eine Person wütend wird, spannen sich ihre Muskeln auf natürliche Weise an und bereiten den Körper auf eine Kampf-oder-Flucht-Reaktion vor. PMR hilft, diesen Prozess umzukehren, indem es die Muskeln systematisch beruhigt, was wiederum ein Signal an das Gehirn sendet, sich zu entspannen.

Die Praxis der progressiven Muskelentspannung beginnt in der Regel damit, sich auf die Muskeln in den Füßen zu konzentrieren und sich allmählich durch den Körper nach oben zu arbeiten. Jede Muskelgruppe wird für einige Sekunden angespannt und dann beim Ausatmen entspannt. Der Prozess setzt sich über die Beine, den Rumpf, die Arme, den Hals und das Gesicht fort und fördert am Ende der Sitzung ein tiefes Gefühl der Entspannung. Diese Technik ist besonders nützlich für Personen, die unter chronischer Wut oder Stress leiden, da sie ihnen beibringt, die mit diesen Emotionen verbundenen körperlichen Empfindungen zu erkennen. Indem sie lernen, zu erkennen, wann ihre Muskeln angespannt sind, können sie PMR nutzen, um ihren Körper proaktiv zu entspannen, bevor die Wut eskaliert.

Einer der Hauptvorteile der progressiven Muskelentspannung besteht darin, dass sie hilft, die Verbindung zwischen körperlicher Anspannung und emotionaler Intensität zu durchbrechen. Wut fühlt sich oft überwältigend an, weil sie sich nicht nur als mentaler, sondern auch als körperlicher Zustand manifestiert. Das rasende Herz, die geballten Fäuste, der zusammengekniffene Kiefer und andere körperliche Reaktionen können dazu führen, dass sich die Wut stärker und schwerer zu kontrollieren anfühlt. Indem man sich auf die Entspannung der Muskeln konzentriert, kann der Einzelne die Intensität dieser körperlichen Empfindungen verringern, so dass sich die Emotion selbst weniger überwältigend anfühlt. Im Laufe der Zeit kann dies die Häufigkeit und Schwere von Wutepisoden verringern, da der Körper darauf konditioniert wird, sich angesichts von Stress zu entspannen, anstatt mit Anspannung zu reagieren.

Sowohl tiefes Atmen als auch progressive Muskelentspannung sind im Prinzip der Achtsamkeit verwurzelt – sich des gegenwärtigen Moments voll bewusst zu sein, ohne zu urteilen. Wenn diese Techniken regelmäßig praktiziert werden, helfen sie dem Einzelnen, sich besser auf seinen körperlichen und emotionalen Zustand einzustimmen. Dieses erhöhte Bewusstsein ist entscheidend für den Umgang mit Wut, da es dem Einzelnen ermöglicht, die ersten Anzeichen von Irritation oder Frustration zu bemerken, bevor er in eine ausgewachsene Wut ausartet. Anstatt sich von ihren Emotionen überraschen zu lassen, können sie proaktive Schritte unternehmen, um sich zu beruhigen, sei es durch konzentriertes Atmen, Muskelentspannung oder eine Kombination aus beidem.

Zusätzlich zu ihrer unmittelbaren Wirkung bieten Entspannungstechniken wie tiefes Atmen und progressive Muskelentspannung langfristige Vorteile für die emotionale Regulation. Regelmäßiges Üben hilft dem Einzelnen, seine Widerstandsfähigkeit gegen Stress aufzubauen, wodurch er weniger auf die Auslöser reagiert, die sonst Wut provozieren würden. Im Laufe der Zeit verdrahten diese Techniken das Gehirn neu und fördern eine ausgewogenere Reaktion auf stressige oder frustrierende Situationen. Die Neuroplastizität, also die Fähigkeit des Gehirns, sich durch die Bildung neuer neuronaler Verbindungen neu zu organisieren, spielt dabei eine wichtige Rolle. Durch konsequente Entspannungspraktiken können Individuen die Bahnen im Gehirn stärken, die mit Ruhe und emotionaler Kontrolle verbunden sind, während sie diejenigen schwächen, die mit impulsiven Reaktionen und Wut verbunden sind.

Neben den physiologischen und neurologischen Vorteilen fördern Entspannungstechniken auch ein größeres Gefühl der emotionalen Klarheit. In Momenten der Wut ist es leicht, sich auf die Quelle der Frustration zu fixieren, was der Emotion erlaubt, das Urteilsvermögen zu trüben und negatives Denken zu schüren. Durch das Üben von tiefer Atmung oder progressiver Muskelentspannung schafft der Einzelne Raum zwischen sich und der Emotion, der es ihm ermöglicht, die Situation objektiver zu reflektieren. Dieser Perspektivenwechsel kann transformativ sein und es ihnen ermöglichen, auf die Situation mit Vernunft und Mitgefühl zu reagieren, anstatt mit Aggression.

Die Integration dieser Entspannungstechniken in den Alltag kann einen tiefgreifenden Einfluss auf das allgemeine emotionale Wohlbefinden haben. Während sie besonders in Momenten der Wut nützlich sind, gehen ihre Vorteile weit über die Wutbewältigung hinaus. Personen, die regelmäßig tiefes Atmen und progressive Muskelentspannung üben, berichten oft von Verbesserungen in anderen Lebensbereichen, einschließlich weniger Angstzuständen, besserem Schlaf und verbesserter Konzentration. Dies liegt daran, dass die gleichen physiologischen Prozesse, die bei der Bewältigung von Wut helfen – wie die Beruhigung des Nervensystems und die Reduzierung von Muskelverspannungen – für die Bewältigung anderer Formen von Stress und emotionalem Stress gleichermaßen wirksam sind.

Darüber hinaus können Entspannungstechniken als Grundlage für andere emotionale Regulationsstrategien dienen. Wenn eine Person beispielsweise ihren Körper und Geist durch tiefes Atmen oder Muskelentspannung beruhigt hat, fällt es ihr möglicherweise leichter, konstruktive Kommunikation zu führen oder Probleme zu lösen. Wut beeinträchtigt oft diese Fähigkeiten, da die emotionale Intensität es schwierig macht, klar zu denken oder anderen zuzuhören. Indem der Einzelne sich zunächst selbst beruhigt, schafft er den mentalen und emotionalen Raum, den er braucht, um sich der Situation mit klarem Kopf und offenem Herzen zu nähern.

Für Menschen, die mit chronischer Wut zu kämpfen haben oder Schwierigkeiten haben, ihre Emotionen zu kontrollieren, kann es hilfreich sein, diese Entspannungstechniken in einen umfassenderen Wutbewältigungsplan zu integrieren. Dies kann regelmäßige Achtsamkeitsübungen, kognitive Verhaltensstrategien oder die Suche nach Unterstützung durch einen Therapeuten oder Berater umfassen. Tiefes Atmen und progressive Muskelentspannung sind mächtige Werkzeuge, aber sie sind am effektivsten, wenn sie in Verbindung mit anderen Techniken zur emotionalen Regulierung eingesetzt werden. Je umfassender der Ansatz, desto größer ist die Wahrscheinlichkeit, ein langfristiges emotionales Gleichgewicht und Kontrolle zu erreichen.

Entspannungstechniken wie tiefes Atmen und progressive Muskelentspannung bieten unschätzbare Werkzeuge zur Bewältigung von Wut, indem sie die physiologischen Reaktionen des Körpers auf Stress ansprechen. Diese Methoden verschaffen in Momenten der Frustration sofortige Linderung und fördern gleichzeitig die langfristige emotionale Widerstandsfähigkeit und Klarheit. Durch die Beruhigung des Körpers können Individuen den Geist beruhigen, den Teufelskreis der eskalierenden Wut durchbrechen und die Kontrolle über ihre emotionalen Reaktionen wiedererlangen. Bei regelmäßiger Übung können diese Techniken die Art und Weise verändern, wie Menschen Wut erleben und damit umgehen, was zu friedlicheren und harmonischeren Interaktionen sowohl im persönlichen als auch im beruflichen Leben führt.

TEIL II

Deeskalationsstrategien

KAPITEL 3
AKTIVES ZUHÖREN

DIE KRAFT DER EMPATHIE

Empathie ist eines der mächtigsten Werkzeuge, um Wut zu entschärfen und die Ruhe in angespannten Situationen wiederherzustellen. Es ermöglicht dem Einzelnen, sich mit anderen auf einer tiefen emotionalen Ebene zu verbinden und ein Gefühl des Verständnisses und der Bestätigung zu schaffen, das den Verlauf eines Gesprächs dramatisch verändern kann. Empathie beinhaltet mehr als nur den Worten einer Person zuzuhören; Es erfordert, sich auf ihre Emotionen, Perspektiven und Erfahrungen einzustimmen. Wenn Empathie effektiv eingesetzt wird, kann sie Abwehrmechanismen aufweichen, Feindseligkeit abbauen und die Tür zu einem konstruktiven Dialog öffnen. In Momenten des Konflikts kann Empathie der Schlüssel zum Abbau von Barrieren sein, so dass beide Parteien eine Lösung finden können, anstatt die Spannungen zu eskalieren.

Im Kern geht es bei Empathie darum, in die Gefühlswelt einer anderen Person einzutreten und ihre Gefühle als legitim anzuerkennen, auch wenn Sie nicht unbedingt mit ihrer Perspektive übereinstimmen. Dieser Akt der Anerkennung reicht oft aus, um Wut zu zerstreuen, denn vor allem wollen sich die Menschen gehört und verstanden fühlen. Wut ist oft ein äußerer Ausdruck von innerer Frustration, Verletzung oder Angst, und wenn jemand das Gefühl hat, dass diese zugrunde liegenden Emotionen gesehen und bestätigt werden, kann dies helfen, seinen emotionalen Zustand zu entspannen. Empathie bedeutet nicht, der Person zuzustimmen oder ihre Handlungen zu dulden; Vielmehr geht es darum, ihnen einen Raum zu bieten, in dem sie sich emotional sicher genug fühlen, um sich ohne Angst vor Verurteilung oder Ablehnung auszudrücken.

Einer der Hauptgründe, warum Empathie so effektiv ist, um eine wütende Person zu beruhigen, ist, dass sie die emotionalen Bedürfnisse anspricht, die im Mittelpunkt der Wut stehen. Wut ist selten eine eigenständige Emotion; Sie wird oft über andere, verletzlichere Gefühle wie Angst, Traurigkeit oder Hilflosigkeit gelegt. Wenn eine Person wütend ist, hat sie vielleicht nicht die Worte, um diese tieferen Emotionen zu artikulieren, oder sie fühlt sich zu exponiert, um sie offen auszudrücken. Empathie hilft, diese Kluft zu überbrücken, indem sie die emotionale Realität unter der Wut anerkennt. Wenn jemand das Gefühl hat, dass seine Emotionen verstanden werden, ist es wahrscheinlicher, dass er seine defensive Haltung aufgibt und sich auf ein offeneres und ehrlicheres Gespräch einlässt.

Ein weiterer mächtiger Aspekt der Empathie ist ihre Fähigkeit, emotionale Resonanz zu erzeugen. Wenn jemand Empathie gegenüber einem anderen ausdrückt, aktiviert dies die Spiegelneuronen im Gehirn, die für die Nachahmung der Emotionen anderer verantwortlich sind. Das bedeutet, dass, wenn eine Person Verständnis und Fürsorge zeigt, die andere Person eher in gleicher Weise reagiert, was einen kooperativeren und mitfühlenderen Umgang fördert. Diese emotionale Spiegelung kann besonders effektiv sein, um Konfliktsituationen zu deeskalieren, da sie hilft, den emotionalen Ton des Gesprächs zu verändern. Anstatt dass beide Parteien in einem Kreislauf aus Abwehr und Wut feststecken, schafft Empathie einen Raum, in dem sie sich auf menschlicher Ebene verbinden können, und ebnet den Weg für eine Lösung.

Der Prozess, Empathie zu zeigen, beginnt mit aktivem Zuhören. Aktives Zuhören geht über das bloße Hören dessen hinaus, was die andere Person sagt; Es geht darum, sich voll und ganz auf ihre Worte, ihre Körpersprache und ihre emotionalen Signale einzulassen. Wenn jemand wütend ist, können seine Worte in Eile kommen, oder er spricht auf eine Weise, die sich anklagend oder hart anfühlt. Es kann verlockend sein, defensiv zu reagieren oder zu unterbrechen, um Missverständnisse zu korrigieren, aber das verschärft die Situation oft. Stattdessen erfordert das Üben des aktiven Zuhörens Geduld und die Bereitschaft, die Person sich vollständig ausdrücken zu lassen, bevor sie antwortet. Dies gibt der Person das Gefühl, dass ihr der Raum gegeben wird, ohne Unterbrechung oder Ablehnung zu kommunizieren.

Ein Teil des aktiven Zuhörens besteht darin, das, was die andere Person sagt, auf eine Weise zu reflektieren, die zeigt, dass Sie ihre Gefühle verstehen. Dies kann durch einfache Sätze wie "Es hört sich so an, als wärst du wirklich frustriert" oder "Ich sehe, dass dich diese Situation wirklich verärgert hat". Diese Aussagen helfen, die Emotionen der Person zu validieren und zeigen, dass Sie nicht nur auf ihre Worte hören, sondern auch auf ihre emotionale Erfahrung eingestimmt sind. Bestätigung ist ein entscheidender Teil der Empathie, weil sie das Recht der Person anerkennt, so zu fühlen, wie sie es tut, auch wenn ihr Verhalten, diese Gefühle auszudrücken, vielleicht nicht ideal ist. Wenn Menschen das Gefühl haben, dass ihre Emotionen ernst genommen werden, sind sie eher bereit, sich zu beruhigen und ein rationaleres Gespräch zu führen.

Empathie beinhaltet auch die Perspektivenübernahme, d.h. die Fähigkeit, sich in die Lage eines anderen zu versetzen und die Situation aus seiner Sicht zu betrachten. In Momenten der Wut verschanzen sich die Menschen oft in ihrer eigenen Perspektive und sind nicht in der Lage, über ihre unmittelbaren Gefühle von Frustration oder Ungerechtigkeit hinauszublicken. Indem du dich bewusst in die Erfahrung der anderen Person begibst, kannst du besser verstehen, warum sie so reagiert, wie sie es tut. Perspektivenübernahme bedeutet nicht, dass du mit dem Standpunkt der anderen Person einverstanden sein musst, aber sie ermöglicht es dir, die Situation durch ihre Linse zu sehen, was dazu beitragen kann, deine eigene emotionale Reaktivität zu reduzieren und die Situation mit mehr Mitgefühl anzugehen.

Wenn zum Beispiel jemand wütend ist, weil er sich nicht gehört oder nicht respektiert fühlt, kann es sein, dass man seine Perspektive einnimmt, wenn man darüber nachdenkt, wie seine vergangenen Erfahrungen oder aktuellen Stressfaktoren seine Reaktion beeinflussen könnten. Vielleicht haben sie eine Vorgeschichte, in der sie in anderen Bereichen ihres Lebens entlassen wurden, und diese spezielle Situation hat diese alten Gefühle ausgelöst. Wenn du diesen Kontext verstehst, kannst du auf eine Weise reagieren, die ihre emotionale Realität anerkennt, anstatt nur auf ihre Wut zu reagieren. Die Perspektivenübernahme hilft auch, die andere Person menschlicher zu machen, indem sie dich daran erinnert, dass ihre Wut eher ein Spiegelbild ihres emotionalen Schmerzes ist als ein Angriff auf dich persönlich.

Einer der schwierigsten Aspekte der Empathie ist es, sie angesichts von Feindseligkeit aufrechtzuerhalten. Wenn jemand schreit, Anschuldigungen erhebt oder sich aggressiv verhält, kann es unglaublich schwierig sein, ruhig und einfühlsam zu bleiben. Doch gerade in diesen Momenten ist Empathie am gefragtesten. Auf Wut mit Wut zu reagieren, lässt die Situation nur eskalieren, während eine Reaktion mit Empathie das Potenzial hat, sie zu entschärfen. Dies erfordert emotionale Widerstandsfähigkeit und die Fähigkeit, das Verhalten der Person von den zugrunde liegenden Emotionen zu trennen. Es ist wichtig, sich daran zu erinnern, dass es bei der Wut der Person nicht unbedingt um dich geht, sondern um ihre eigene emotionale Erfahrung. Indem Sie sich auf ihre Gefühle und nicht auf ihre Worte oder Taten konzentrieren, können Sie selbst in den schwierigsten Interaktionen Empathie bewahren.

Bei Empathie geht es nicht nur darum, die Emotionen einer Person zu verstehen; Es geht auch darum, dieses Verständnis auf eine Weise zu vermitteln, die die andere Person fühlen kann. Das bedeutet oft, deinen Tonfall zu mildern, eine offene Körpersprache zu verwenden und durch deine Handlungen zu zeigen, dass du da bist, um sie zu unterstützen, nicht um sie zu verurteilen oder zu konfrontieren. Nonverbale Kommunikation ist ein mächtiger Teil der Empathie, da sie emotionale Unterstützung auf eine Weise vermittelt, wie es Worte allein nicht können. Ein sanfter Tonfall, ein verständnisvolles Nicken oder eine ruhige Präsenz können der anderen Person signalisieren, dass du wirklich versuchst, dich auf emotionaler Ebene mit ihr zu verbinden.

Die Kraft der Empathie liegt in ihrer Fähigkeit, eine potenziell explosive Situation in eine Situation der Verbundenheit und des Verständnisses zu verwandeln. Wenn jemand das Gefühl hat, dass seine Emotionen anerkannt und respektiert werden, ist es weniger wahrscheinlich, dass er weiter um sich schlägt, und es ist wahrscheinlicher, dass er sich auf ein produktives Gespräch einlässt. Empathie schafft ein Gefühl der Sicherheit und ermöglicht es den Menschen, ihre Gefühle auszudrücken, ohne befürchten zu müssen, beurteilt oder abgewiesen zu werden. Dieses Gefühl der Sicherheit ist für die Lösung von Konflikten von entscheidender Bedeutung, da es eine offene Kommunikation fördert und den gegenseitigen Respekt fördert.

Neben den unmittelbaren Auswirkungen hat Empathie auch langfristige Vorteile für Beziehungen. Das konsequente Üben von Empathie hilft, Vertrauen aufzubauen, was für eine gesunde und effektive Kommunikation unerlässlich ist. Wenn Menschen wissen, dass ihnen auch in Momenten der Wut mit Verständnis und Mitgefühl begegnet wird, sind sie eher bereit, Konflikte zu lösen, als sie zu eskalieren. Im Laufe der Zeit entsteht dadurch ein harmonischeres und unterstützenderes Umfeld, sei es in persönlichen Beziehungen, im Arbeitsumfeld oder in sozialen Interaktionen.

Letztendlich ist Empathie eines der mächtigsten Werkzeuge, um eine wütende Person zu beruhigen, da sie die emotionalen Bedürfnisse anspricht, die die Wut schüren. Durch Verständnis, Bestätigung und emotionale Bindung hilft Empathie, Gefühle von Frustration und Feindseligkeit zu reduzieren und den Weg für einen konstruktiven Dialog und eine Lösung zu ebnen. In Momenten des Konflikts kann Empathie die Brücke sein, die Wut in Verständnis verwandelt und es beiden Parteien ermöglicht, mit größerer Klarheit und Mitgefühl voranzukommen. Durch die Kraft der Empathie können selbst die schwierigsten Situationen mit Ruhe, Freundlichkeit und dem echten Wunsch nach Verbindung angegangen werden.

PARAPHRASIEREN UND REFLEKTIEREN

Paraphrasieren und Reflektieren sind zwei grundlegende Kommunikationstechniken, die eine wesentliche Rolle bei der Entschärfung von Wut und Spannung in emotional aufgeladenen Situationen spielen. Wenn jemand verärgert oder wütend ist, sind seine Emotionen oft erhöht, was es ihm erschwert, klar zu kommunizieren oder sich verstanden zu fühlen. Dies kann zu Missverständnissen, Fehlinterpretationen und einem Kreislauf eskalierender Frustration führen. Paraphrasieren und Reflektieren können helfen, diesen Kreislauf zu durchbrechen, indem sie Verständnis und Bestätigung fördern und ein sicheres Umfeld schaffen, in dem sich die wütende Person gehört und respektiert fühlt und eher bereit ist, sich an einem konstruktiven Dialog zu beteiligen.

Im Kern geht es beim Paraphrasieren darum, das, was die andere Person gesagt hat, in Ihren eigenen Worten zu wiederholen, mit dem Ziel, zu bestätigen, dass Sie ihre Botschaft richtig verstanden haben. Diese Technik ist besonders nützlich in angespannten Situationen, da sie den Zuhörer dazu zwingt, sich voll und ganz auf das zu konzentrieren, was der Sprecher sagt, anstatt eine Antwort vorzubereiten oder emotional zu reagieren. Indem du die Worte der Person umformulierst und sie zurückgibst, signalisierst du, dass du genau zuhörst und ihre Perspektive schätzt. Dies allein kann helfen, Wut zu zerstreuen, da Menschen oft ruhiger werden, wenn sie das Gefühl haben, dass ihre Worte ernst genommen und nicht abgetan oder ignoriert werden.

Beim Paraphrasieren geht es nicht nur darum, die genauen Worte zu wiederholen, die die andere Person verwendet hat, sondern darum, die Essenz ihrer Botschaft auf eine Weise zu erfassen, die Verständnis zeigt. Wenn zum Beispiel jemand sagt: "Ich bin so frustriert, dass mir bei der Arbeit nie jemand zuhört", könnte eine umschriebene Antwort lauten: "Es klingt, als hätten Sie das Gefühl, dass Ihre Stimme im Büro nicht gehört wird." Diese subtile Verschiebung der Formulierung dient zwei Zwecken: Erstens zeigt sie dem Sprecher, dass Sie den Hauptpunkt seiner Beschwerde erfasst haben, und zweitens ermutigt sie ihn, seine Gedanken und Emotionen weiterhin ruhiger auszudrücken. Paraphrasieren hilft, die Kommunikation zu verdeutlichen und sicherzustellen, dass beide Parteien auf derselben Seite stehen und keine wichtigen Details übersehen werden.

In Momenten der Wut können Emotionen das Urteilsvermögen trüben, was es für den Einzelnen schwierig macht, genau zu artikulieren, was ihn stört. Sie sprechen vielleicht in absoluten Tönen, übertreiben das Thema oder konzentrieren sich auf nebensächliche Punkte, anstatt die Ursache ihrer Wut anzugehen. Das Paraphrasieren hilft, dieses emotionale Rauschen zu durchbrechen, indem es die Botschaft des Sprechers in ihre wesentlichsten Elemente zerlegt. Dies klärt nicht nur die Frage für den Zuhörer, sondern hilft dem Sprecher auch, seine eigenen Gefühle besser zu verstehen. In vielen Fällen kann das Umformulieren seiner Gedanken den Sprecher dazu veranlassen, tiefer darüber nachzudenken, was ihn wirklich stört, was zu produktiveren Gesprächen und einer schnelleren Lösung des Problems führt.

Reflektieren hingegen beinhaltet die Spiegelung des emotionalen Inhalts dessen, was die Person ausdrückt. Während sich das Paraphrasieren auf den intellektuellen

Aspekt der Botschaft konzentriert – die Fakten oder Hauptpunkte –, geht es beim Nachdenken darum, die Emotionen hinter diesen Fakten anzuerkennen. Wenn jemand zum Beispiel eindeutig verärgert ist, aber seine Gefühle nicht explizit zum Ausdruck bringt, könnte eine reflektierende Reaktion sein: "Es scheint, als ob dich diese Situation wirklich verärgert hat." Diese Technik geht über die oberflächliche Ebene des Gesprächs hinaus und verbindet sich mit der Person auf einer emotionalen Ebene, indem sie Empathie und Mitgefühl zeigt.

Das Reflektieren von Emotionen ist unglaublich wichtig, um eine wütende Person zu beruhigen, weil es ihr hilft, sich auf einer tieferen Ebene verstanden zu fühlen. Wut ist oft eine sekundäre Emotion, die unterschwellige Gefühle von Verletzung, Angst oder Frustration überdeckt. Wenn jemand wütend ist, kann es sein, dass er um sich schlägt oder sich auf eine Weise ausdrückt, die die wahre Ursache seines Schmerzes nicht direkt offenbart. Das Reflektieren von Emotionen ermöglicht es dem Zuhörer, diese zugrunde liegenden Gefühle anzuerkennen, auch wenn der Sprecher sie nicht explizit ausgesprochen hat. Wenn sich eine Person zum Beispiel darüber beschwert, in einem Meeting ignoriert zu werden, kann eine reflektierende Aussage wie "Es klingt, als hättest du dich nicht respektiert gefühlt" die tiefere Emotion hinter ihrer Wut ansprechen – Gefühle der Respektlosigkeit oder Wertlosigkeit.

Dieser Akt der Reflexion von Emotionen kann für die wütende Person besonders entwaffnend sein, weil er oft eine Verletzlichkeit berührt, die sie vielleicht nicht bereit oder willens war zuzugeben. Indem du diese Emotionen jedoch auf sanfte und einfühlsame Weise an die Oberfläche bringst, kannst du der Person helfen, sich gesehen und verstanden zu fühlen, was natürlich ihr Bedürfnis verringert, weiterhin Wut auszudrücken. In vielen Fällen reicht es aus, dass ihre Gefühle anerkannt werden, um sie zu beruhigen und die Tür zu einem produktiveren Gespräch zu öffnen.

Sowohl das Paraphrasieren als auch das Reflektieren erfordern ein hohes Maß an aktivem Zuhören, was bedeutet, dass man voll präsent ist und sich auf die Worte, den Ton und die Körpersprache der anderen Person konzentriert. In Momenten der Wut ist es für den Zuhörer leicht, defensiv oder abgelenkt zu werden, besonders wenn er sich angegriffen oder beschuldigt fühlt. Aktives Zuhören – bei dem das Ziel darin besteht, zu verstehen und nicht zu antworten – kann jedoch die Dynamik des Gesprächs verändern. Wenn Menschen das Gefühl haben, dass ihnen wirklich zugehört wird, lässt ihre Wut oft nach, weil sie nicht mehr das Bedürfnis haben, zu schreien oder ihren Standpunkt zu vermitteln. Dies ermöglicht einen kollaborativeren und weniger kontroversen Ansatz zur Lösung des Konflikts.

Neben der Beruhigung der wütenden Person kommt das Paraphrasieren und Reflektieren auch dem Zuhörer zugute, indem es seine eigene emotionale Reaktivität reduziert. Wenn du mit der Wut eines anderen konfrontiert wirst, ist es natürlich, dich defensiv oder ängstlich zu fühlen, aber diese Emotionen können deine Fähigkeit, effektiv zu reagieren, trüben. Indem der Zuhörer sich auf das Paraphrasieren und Reflektieren konzentriert, lenkt er seine Aufmerksamkeit weg von seiner eigenen emotionalen Reaktion und hin zu den Erfahrungen der anderen Person. Dies trägt nicht nur zu einer ruhigeren und produktiveren Atmosphäre bei, sondern ermöglicht es dem Zuhörer auch, ein Gefühl der Kontrolle und Gelassenheit zu bewahren. Indem man sich auf das Verstehen konzentriert, anstatt zu reagieren, ist es weniger wahrscheinlich, dass der Zuhörer emotional in den Konflikt verwickelt wird.

Paraphrasieren und Reflektieren helfen auch, Missverständnisse zu vermeiden, die oft den Kern vieler Konflikte bilden. Wut kann dazu führen, dass Menschen übertreiben oder die Realität einer Situation verzerren, was zu einer Fehlkommunikation führt, die den Konflikt weiter anheizt. Durch das Paraphrasieren stellt der Zuhörer sicher, dass er die Botschaft des Sprechers genau verstanden hat, bevor er antwortet. Wenn es ein Missverständnis gibt, wird es durch die paraphrasierte Aussage klar, und der Sprecher kann seinen Standpunkt klären, bevor das Gespräch eskaliert. Das Reflektieren von Emotionen hilft in ähnlicher Weise, Fehlinterpretationen zu vermeiden, indem es die Gefühle hinter den Worten anspricht und sicherstellt, dass der Zuhörer sowohl auf den Inhalt als auch auf den emotionalen Ton des Gesprächs abgestimmt ist.

Ein weiterer wichtiger Vorteil des Paraphrasierens und Reflektierens besteht darin, dass es ein Gefühl der Zusammenarbeit und Partnerschaft im Gespräch schafft. Anstatt den Sprecher und den Zuhörer als Gegner in einem Konflikt zu positionieren, fördern diese Techniken das Gefühl, bei der Lösung des Problems zusammenzuarbeiten. Wenn jemand wütend ist, fühlt er sich oft isoliert oder missverstanden, was dazu führen kann, dass er defensiver und weniger kompromissbereit ist. Durch Paraphrasieren und Reflektieren zeigt der Zuhörer, dass er daran interessiert ist, die Perspektive der anderen Person zu verstehen und sich dafür einsetzt, eine Lösung zu finden, die auf ihre Bedenken eingeht. Dieser Wechsel von der Konfrontation zur Zusammenarbeit kann den Ton und das Ergebnis des Gesprächs erheblich verändern.

Um das Paraphrasieren und Reflektieren effektiv einzusetzen, ist es wichtig, während des gesamten Gesprächs nicht zu urteilen und aufgeschlossen zu bleiben. Wenn jemand wütend ist, können seine Worte emotional aufgeladen oder anklagend sein, aber mit Empathie und der Bereitschaft zu verstehen zu reagieren, kann helfen, die Situation zu deeskalieren. Beim Paraphrasieren und Reflektieren geht es nicht darum, mit der Person übereinzustimmen oder ihren Forderungen nachzugeben, sondern darum, ihre Perspektive und Emotionen respektvoll und nicht konfrontativ anzuerkennen. Dies trägt dazu bei, die emotionale Intensität des Gesprächs zu verringern und einen Raum zu schaffen, in dem beide Parteien effektiver kommunizieren und auf eine Lösung hinarbeiten können.

Langfristig kann das Üben des Paraphrasierens und Reflektierens in alltäglichen Gesprächen Beziehungen stärken und die Kommunikation verbessern. Wenn sich Menschen konsequent gehört und verstanden fühlen, sind sie eher bereit, zukünftige Konflikte mit einer Denkweise der Offenheit und Zusammenarbeit anzugehen als mit Abwehrhaltung und Wut. Diese Techniken schaffen Vertrauen und emotionale Sicherheit, die für eine gesunde und produktive Lösung von Konflikten unerlässlich sind. Ob in persönlichen Beziehungen, im beruflichen Umfeld oder in sozialen Interaktionen, Paraphrasieren und Reflektieren können die Art und Weise, wie Menschen kommunizieren, verändern und zu bedeutungsvolleren Verbindungen und weniger Missverständnissen führen.

Paraphrasieren und Reflektieren sind wesentliche Techniken für den Umgang mit Wut und Konflikten, indem sie Verständnis, Empathie und effektive Kommunikation fördern. Indem sie sich sowohl auf den Inhalt als auch auf den emotionalen Ton des Gesprächs konzentrieren, helfen diese Techniken, wütende Personen zu beruhigen und eine kollaborativere Atmosphäre zu schaffen. Mit regelmäßiger Übung kann das Paraphrasieren und Reflektieren nicht nur angespannte Situationen entschärfen, sondern auch die allgemeinen Kommunikationsfähigkeiten verbessern und Beziehungen im Laufe der Zeit stärken. Durch diese Techniken können Gespräche, die sonst zu Konflikten führen könnten, zu Chancen für Wachstum, Verständnis und Lösung werden.

VERMEIDUNG VON URTEILEN

Die Vermeidung von Urteilen ist einer der wichtigsten Aspekte, um angespannte und emotional aufgeladene Situationen erfolgreich zu bewältigen. Wenn eine Person wütend ist, fühlt sie sich oft verletzlich, missverstanden oder entwertet. Jeder Anflug von Verurteilung als Reaktion auf ihre Emotionen oder ihr Verhalten kann die Situation schnell eskalieren lassen, was die Frustration verstärkt und den Konflikt vertieft. Indem wir uns bewusst dafür entscheiden, Urteile zu vermeiden, schaffen wir ein Umfeld, in dem sich die wütende Person sicher fühlt, sich auszudrücken, was wiederum die Lösung erleichtert und hilft, die Situation zu entschärfen.

Urteilen ist eine natürliche menschliche Reaktion. Wenn wir auf jemanden treffen, der sich auf eine Weise verhält, die irrational, unfair oder unangemessen erscheint, ist es leicht, seine Handlungen als "falsch" oder "inakzeptabel" zu bezeichnen. Diese instinktive Reaktion kann jedoch eher schädlich als hilfreich sein, insbesondere wenn es um Wut geht. Menschen, die wütend sind, brauchen oft niemanden, der sie korrigiert oder verurteilt – sie brauchen jemanden, der ihnen zuhört, sie versteht und ihnen Unterstützung bietet. In dem Moment, in dem wir urteilen, riskieren wir, die Kommunikationskanäle zu schließen, so dass sich die wütende Person isoliert und in ihrer Position verschanzt fühlt.

In einer angespannten Interaktion beginnt die Vermeidung von Verurteilungen damit, die Art und Weise, wie wir Wut selbst wahrnehmen, neu zu definieren. Wut wird oft als negative Emotion angesehen, als etwas, das unterdrückt oder kontrolliert werden muss. Aber in Wirklichkeit ist Wut eine natürliche emotionale Reaktion auf Situationen, in denen sich Menschen machtlos, respektlos oder unfair behandelt fühlen. Wenn wir erkennen, dass Wut einen Zweck erfüllt, können wir beginnen, die Situation mit Empathie und nicht mit Verurteilung anzugehen. Anstatt zu denken: "Diese Person ist unvernünftig", können wir zu "Diese Person ist aus einem bestimmten Grund verärgert. Ich muss verstehen, warum." Diese veränderte Denkweise ermöglicht es uns, die Situation mit Neugier und Mitgefühl anzugehen, anstatt sie zu kritisieren.

Ein weiterer Schlüssel zur Vermeidung von Urteilen besteht darin, die Rolle anzuerkennen, die persönliche Erfahrungen, Werte und Vorurteile dabei spielen, wie wir andere wahrnehmen und auf sie reagieren. Wir alle haben unsere eigenen mentalen Rahmenbedingungen, die unser Verständnis der Welt prägen – unsere Herkunft, Kulturen und Erfahrungen in der Vergangenheit beeinflussen, wie wir sehen, was in einer bestimmten Situation "richtig" oder "falsch" ist. Wenn jemand wütend ist, können seine Handlungen oder Worte mit unserem eigenen Gefühl dessen, was angemessen ist, in Konflikt geraten und uns dazu verleiten, vorschnelle Urteile über seinen Charakter oder seine Motivationen zu fällen. Indem wir jedoch erkennen, dass unsere Perspektive nur eine von vielen ist, können wir offener dafür werden, die Situation aus der Sicht der anderen Person zu sehen.

Aktives Zuhören ist unerlässlich, um Urteile zu vermeiden. Wenn jemand wütend ist, können seine Worte oft auf eine Art und Weise kommen, die hart, übertrieben oder emotional aufgeladen ist. Es ist leicht, sich auf den Ton oder die Vermittlung ihrer Botschaft zu konzentrieren, anstatt auf ihren Inhalt, was zu verurteilenden Reaktionen führen kann. Aber effektive Kommunikation in diesen Momenten erfordert, dass wir hinter die Oberfläche schauen und aktiv auf die zugrunde liegenden Gefühle und Bedürfnisse hören, die ihre Wut antreiben. Dazu gehört, dass wir unsere eigenen Interpretationen und Vorurteile beiseite legen und uns bewusst darum bemühen, ihre Perspektive zu verstehen, auch wenn wir damit nicht einverstanden sind.

Eine Möglichkeit, diese nicht wertende Haltung zu fördern, besteht darin, Empathie zu üben. Empathie ist die Fähigkeit, sich in die Lage einer anderen Person zu versetzen und sich vorzustellen, wie sie sich fühlen könnte. Wenn wir uns der Wut eines Menschen mit Empathie nähern, ist es weniger wahrscheinlich, dass wir defensiv oder verurteilend reagieren. Stattdessen können wir uns darauf konzentrieren, ihre Gefühle zu bestätigen und den Schmerz oder die Frustration, die sie erleben, anzuerkennen. Bestätigung bedeutet nicht, mit ihrem Standpunkt übereinzustimmen oder ihr Verhalten zu dulden – es bedeutet einfach, anzuerkennen, dass ihre Gefühle real sind und dass sie ein Recht haben, so zu fühlen, wie sie es tun.

Wenn wir die Emotionen einer Person bestätigen, senden wir die Botschaft, dass wir zuhören und dass uns ihre Erfahrung am Herzen liegt. Dies kann für die wütende Person unglaublich beruhigend sein, da es ihr hilft, sich verstanden zu fühlen, anstatt verurteilt oder abgelehnt zu werden. Wenn du zum Beispiel etwas sagst wie: "Ich sehe, dass dich diese Situation wirklich verärgert hat, und ich möchte verstehen, was vor sich geht", zeigt das, dass du unvoreingenommen und ohne vorgefasste Meinungen an das Gespräch herangehst. Dieser Ansatz trägt dazu bei, einen sicheren Raum zu schaffen, in dem sich die wütende Person wohler fühlt, sich zu öffnen, was zu einem produktiveren Dialog führen kann.

Es ist auch wichtig, keine Annahmen darüber zu treffen, warum jemand wütend ist. Wut kann aus einer Vielzahl von Quellen stammen, von denen einige vielleicht nicht sofort ersichtlich sind. Menschen reagieren möglicherweise auf tiefere, zugrunde liegende Probleme, die nicht direkt mit der aktuellen Situation zusammenhängen. Wenn wir voreilige Schlüsse ziehen oder Vermutungen über ihre Motive anstellen, riskieren wir, die wahre Ursache ihrer Wut falsch zu verstehen, was zu weiteren Konflikten führen kann. Anstatt anzunehmen, ist es effektiver, offene Fragen zu stellen, die die Person dazu ermutigen, mehr über ihre Gefühle und die Gründe für ihre Frustration zu erzählen. Indem wir die Bereitschaft zeigen, zuzuhören, ohne zu urteilen, laden wir sie ein, ihre Gedanken und Emotionen zu klären, was zur Deeskalation der Situation beitragen kann.

Eine weitere Falle, die es zu vermeiden gilt, besteht darin, das Verhalten der wütenden Person als "irrational" oder "überreagierend" zu bezeichnen. Wenn wir diese Etiketten verwenden, minimieren wir die Gültigkeit ihrer emotionalen Erfahrung und suggerieren, dass ihre Gefühle irgendwie unangemessen oder ungerechtfertigt sind. Diese Art der Verurteilung kann dazu führen, dass sich die Person defensiv oder entwertet fühlt, was ihre Wut weiter anheizt. Auch wenn ihre Reaktion in keinem Verhältnis zur Situation zu stehen scheint, ist es wichtig, sich daran zu erinnern, dass Emotionen subjektiv und zutiefst persönlich sind. Was für den einen wie ein unbedeutendes Problem erscheinen mag, kann für den anderen eine erhebliche Quelle des Leids sein. Indem wir Schubladen vermeiden und uns darauf konzentrieren, die einzigartige Perspektive der Person zu verstehen, schaffen wir ein respektvolleres und unterstützenderes Umfeld, in dem wir das jeweilige Problem angehen können.

Ruhig und gelassen zu bleiben, ist ein weiterer wichtiger Aspekt, um Urteile zu vermeiden. In der Hitze des Gefechts, wenn jemand seine Wut zum Ausdruck bringt, ist es leicht, sich von der emotionalen Intensität der Situation mitreißen zu lassen. Unsere eigenen Instinkte können uns dazu bringen, defensiv oder verurteilend zu reagieren, besonders wenn wir uns angegriffen oder kritisiert fühlen. Wenn wir jedoch ruhig bleiben, können wir Klarheit bewahren und eher nachdenklich als impulsiv reagieren. Diese ruhige Präsenz kann eine beruhigende Wirkung auf die wütende Person haben und helfen, die emotionale Temperatur des Gesprächs zu senken. Es gibt uns auch den mentalen Raum, das zu verarbeiten, was die andere Person sagt, ohne voreilige Schlüsse zu ziehen oder ein Urteil zu fällen.

Nonverbale Kommunikation spielt auch eine Rolle bei der Vermittlung von Urteilsvermögen – oder dem Fehlen eines solchen. Körpersprache, Mimik und Tonfall können starke Botschaften senden, auch wenn wir nicht sprechen. Wenn wir die Arme verschränken, eine Augenbraue hochziehen oder einen sarkastischen Ton verwenden, kann das signalisieren, dass wir die andere Person verurteilen, auch wenn unsere Worte neutral sind. Auf der anderen Seite kann eine offene, entspannte Körpersprache beibehalten, Augenkontakt herstellen und mit ruhiger, gleichmäßiger Stimme sprechen, um zu vermitteln, dass wir offen dafür sind, zuzuhören und nicht zu urteilen. Diese nonverbalen Hinweise sind genauso wichtig wie die Worte, die wir verwenden, um eine nicht wertende Atmosphäre zu schaffen.

Es ist auch wichtig zu erkennen, dass die Vermeidung von Urteilen nicht bedeutet, sich der Rechenschaftspflicht zu entziehen oder problematisches Verhalten zu ignorieren. Wenn sich jemand auf eine Weise verhält, die schädlich oder unangemessen ist, ist es wichtig, das Verhalten konstruktiv anzugehen. Der Schlüssel liegt jedoch darin, das Verhalten von der Person zu trennen. Anstatt über ihren Charakter zu urteilen – wie sie als "unhöflich" oder "unreif" zu bezeichnen – können wir uns auf die spezifischen Handlungen und ihre Auswirkungen konzentrieren. Wenn du zum Beispiel sagst: "Wenn du deine Stimme erhebst, fällt es mir schwer, deine Bedenken zu verstehen", spricht du das Verhalten an, ohne persönliche Angriffe oder Urteile über die Person zu fällen.

Auf lange Sicht hilft die Vermeidung von Urteilen, Vertrauen und Beziehungen in Beziehungen aufzubauen, egal ob privat oder beruflich. Menschen öffnen sich eher und teilen ihre wahren Gefühle, wenn sie wissen, dass sie nicht verurteilt oder kritisiert werden. Diese Offenheit kann zu einem tieferen Verständnis, einer besseren Kommunikation und einer effektiveren Konfliktlösung führen. Darüber hinaus kann das Üben von urteilsfreiem Zuhören und Kommunikation uns helfen, in allen Bereichen unseres Lebens einfühlsamer und mitfühlender zu werden, wodurch unsere allgemeine emotionale Intelligenz und unsere Fähigkeit, mit anderen in Kontakt zu treten, verbessert werden.

Indem wir uns bewusst bemühen, Urteile zu vermeiden, schaffen wir einen Raum, in dem Wut auf gesunde Weise ausgedrückt und verarbeitet werden kann. Anstatt Konflikte zu eskalieren oder die Kommunikation abzuschalten, öffnen wir die Tür zu Verständnis, Empathie und Lösung. Dieser

Ansatz hilft nicht nur, die wütende Person zu beruhigen, sondern fördert auch einen unterstützenderen und konstruktiveren Dialog, von dem alle Beteiligten profitieren. Durch Empathie, aktives Zuhören und eine nicht wertende Haltung können wir selbst die angespanntesten Situationen in Möglichkeiten für Verbundenheit und Wachstum verwandeln.

KAPITEL 4
NONVERBALE KOMMUNIKATION

KÖRPERSPRACHE UND TONFALL

In emotional aufgeladenen Interaktionen sind Körpersprache und Tonfall zentrale Elemente, die den Ausgang des Gesprächs maßgeblich beeinflussen können. Im Umgang mit einer wütenden Person kann das Verstehen und effektive Umgang mit diesen nonverbalen Hinweisen der Schlüssel zur Deeskalation von Spannungen und zur Förderung eines konstruktiveren Dialogs sein. Die Worte, die wir verwenden, sind zwar wichtig, aber die Art und Weise, wie wir uns körperlich und stimmlich präsentieren, kann oft lauter und kraftvoller sprechen als unsere gesprochenen Aussagen.

Die Körpersprache umfasst eine breite Palette nonverbaler Signale, darunter Mimik, Haltung, Gestik und Blickkontakt. Jedes dieser Elemente trägt dazu bei, wie unsere Botschaft aufgenommen und interpretiert wird. Wenn jemand wütend ist, reagiert er oft empfindlich auf vermeintliche Anzeichen von Ablehnung oder Feindseligkeit. Die Art und Weise, wie wir uns physisch präsentieren, kann die Situation also entweder beruhigen oder verschlimmern. So ist beispielsweise eine offene und entspannte Haltung entscheidend, um Aufnahmebereitschaft und Ruhe zu vermitteln. Verschränkte Arme oder eine starre Haltung können als defensiv oder konfrontativ interpretiert werden und die Wut der anderen Person möglicherweise eskalieren lassen. Im Gegensatz dazu signalisiert eine offene und zugängliche Haltung – wie z. B. nicht verschränkte Arme, eine entspannte Haltung und ein leichtes Vorbeugen – dass wir engagiert und bereit sind, zuzuhören. Diese subtile Veränderung der Körpersprache trägt dazu bei, eine Atmosphäre der Offenheit und Akzeptanz zu schaffen, die die Frustration der anderen Person mildern kann.

Mimik ist eine weitere wichtige Komponente der Körpersprache, die eine angespannte Situation entweder entschärfen oder anheizen kann. Ein ruhiger, neutraler Gesichtsausdruck oder einer, der Empathie und Verständnis widerspiegelt, kann helfen, eine wütende Person zu beruhigen. Umgekehrt können Ausdrücke von Verärgerung, Ungeduld oder Verachtung ihren Ärger weiter anheizen. Ein aufrichtiges Lächeln, angemessenes Nicken und Augenkontakt können Empathie und Aufmerksamkeit vermitteln und zeigen, dass wir voll präsent und engagiert in das Gespräch eingebunden sind. Es ist wichtig sicherzustellen, dass die Mimik mit der beabsichtigten Botschaft übereinstimmt. Wenn zum Beispiel versucht wird, Ruhe zu vermitteln, kann ein erzwungenes oder unaufrichtiges Lächeln als herablassend oder abweisend empfunden werden. Authentizität in unserer Mimik trägt dazu bei, Vertrauen aufzubauen und die Wahrscheinlichkeit einer weiteren Eskalation zu verringern.

Blickkontakt spielt eine entscheidende Rolle in der nonverbalen Kommunikation. In Hochspannungsszenarien ist es ein Balanceakt, den richtigen Blickkontakt zu halten. Zu viel Blickkontakt kann als konfrontativ empfunden werden, zu wenig als ausweichend oder desinteressiert. Der Schlüssel liegt darin, einen ruhigen und beruhigenden Blick zu haben, der Aufmerksamkeit zeigt, ohne aggressiv zu wirken. Der Blickkontakt sollte warm und gleichmäßig sein, um eine Verbindung herzustellen und zu vermitteln, dass wir uns voll und ganz auf die Emotionen und Sorgen der Person einlassen.

Auch Gesten tragen maßgeblich dazu bei, wie unsere Kommunikation wahrgenommen wird. Einfache, offene Gesten wie Nicken und das Verwenden der Hände, um Verständnis oder Zustimmung auszudrücken, können eine Botschaft des Einfühlungsvermögens und der Unterstützung verstärken. Aggressive oder abrupte Gesten, wie z. B. Zeigen oder plötzliche Bewegungen, können jedoch als bedrohlich empfunden werden und die Wut der Person verstärken.

Subtile, kontrollierte Gesten, die die verbale Kommunikation ergänzen, können dazu beitragen, eine beruhigende Präsenz zu verstärken und eine positivere Interaktion zu fördern.

Der Tonfall, der genauso wichtig ist wie die Körpersprache, ist ein weiterer kritischer Faktor beim Umgang mit angespannten Situationen. Die Art und Weise, wie wir sprechen, kann die emotionale Atmosphäre des Gesprächs maßgeblich beeinflussen. Ein ruhiger, gleichmäßiger Tonfall kann helfen, eine wütende Person zu beruhigen, während ein erhöhter oder rauer Ton die Situation eskalieren lassen kann. Die Lautstärke, die Tonhöhe und das Tempo unserer Rede tragen dazu bei, wie unsere Botschaft aufgenommen wird. In einem sanften, gleichmäßigen Ton zu sprechen, kann helfen, Wut zu deeskalieren, indem es Ruhe und Kontrolle vermittelt. Es ist wichtig, nicht zu schnell oder zu langsam zu sprechen, da dies entweder als Angst oder Herablassung interpretiert werden kann.

Auch das Tempo ist entscheidend. Schnelles Sprechen kann Aufregung oder Dringlichkeit vermitteln, während zu langsames Sprechen herablassend wirken kann. Das Ziel ist es, ein gemessenes Tempo beizubehalten, das Geduld und Respekt für den emotionalen Zustand der anderen Person widerspiegelt. Gelegentlich innezuhalten, um der anderen Person zu ermöglichen, das Gesagte zu verarbeiten, kann auch zeigen, dass wir ihren Sorgen die Zeit und Aufmerksamkeit schenken, die sie verdienen.

Die Lautstärkeregelung ist ein weiterer wesentlicher Aspekt des Klangmanagements. Zu lautes Sprechen kann als aggressiv oder konfrontativ wahrgenommen werden und die Wut der anderen Person möglicherweise noch verstärken. Umgekehrt kann es für sie schwierig sein, das Gespräch zu hören oder sich daran zu beteiligen, was zu Frustration führt. Eine moderate Lautstärke, die weder zu laut noch zu leise ist, vermittelt Ruhe und hilft, einen konstruktiven Dialog zu pflegen.

Zusätzlich zu diesen Elementen kann der Einsatz von Empathie in unserem Ton unglaublich mächtig sein. Wenn wir durch unseren Tonfall Verständnis und Bestätigung ausdrücken, kann dies dazu beitragen, emotionale Lücken zu überbrücken und Gefühle der Feindseligkeit zu reduzieren. Zum Beispiel können Sätze wie "Ich verstehe, dass diese Situation für dich frustrierend ist" oder "Es klingt, als wärst du wirklich verärgert", die in einem warmen und aufrichtigen Ton gesprochen werden, helfen, die Gefühle der anderen Person anzuerkennen, ohne den Konflikt zu eskalieren.

Es ist auch von Vorteil, sich darüber im Klaren zu sein, wie der emotionale Ton je nach Kontext der Situation variieren kann. Wenn zum Beispiel jemand Frustration über ein bestimmtes Thema zum Ausdruck bringt, kann ein Tonfall, der Besorgnis und Hilfsbereitschaft widerspiegelt, effektiver sein als ein neutraler oder gleichgültiger Ton. Wenn wir durch unseren Ton zeigen, dass wir emotional auf ihre Sorgen eingestimmt sind, kann dies dazu beitragen, eine Beziehung aufzubauen und ein Gefühl des gegenseitigen Verständnisses zu fördern.

Das Verständnis des Zusammenspiels zwischen Körpersprache und Tonfall ist entscheidend für die Schaffung eines ausgewogenen und effektiven Ansatzes zur Deeskalation. Beide nonverbalen Hinweise wirken zusammen, um unsere verbalen Botschaften zu verstärken und können den emotionalen Ton des Gesprächs erheblich beeinflussen. Wenn unsere Körpersprache und unser Tonfall mit unseren gesprochenen Worten übereinstimmen, schaffen wir ein kohärentes und authentisches Kommunikationserlebnis, das die andere Person eher beruhigt und die Lösung erleichtert.

In der Praxis kann das Training, auf Körpersprache und Körperton zu achten, unsere Fähigkeit, Konflikte zu bewältigen und Wut zu deeskalieren, erheblich verbessern. Üben Sie darin, eine offene Haltung einzunehmen, unterstützende Gesten zu verwenden, unseren Tonfall zu kontrollieren und unsere Mimik mit unserer beabsichtigten Botschaft in Einklang zu bringen, kann dazu beitragen, eine positivere und beruhigendere Interaktion zu schaffen. Darüber hinaus kann es uns helfen, in angespannten Situationen geerdet und effektiv zu bleiben, wenn wir uns unserer eigenen emotionalen Reaktionen bewusst sind und wissen, wie sie unsere Körpersprache und unseren Tonfall beeinflussen können.

Körpersprache und Tonfall sind mächtige Werkzeuge, um mit Wut und Konflikten umzugehen. Indem wir diese nonverbalen Signale bewusst kontrollieren, können wir ein einfühlsameres und unterstützenderes Umfeld schaffen, Spannungen abbauen und produktivere Gespräche ermöglichen. Der effektive Einsatz von Körpersprache und -ton hilft nicht nur, eine wütende Person zu beruhigen, sondern fördert auch eine bessere Kommunikation und ein besseres Verständnis und ebnet den Weg für eine Lösung und positive Ergebnisse in emotional aufgeladenen Situationen.

SCHAFFUNG EINES SICHEREN UND RESPEKTVOLLEN UMFELDS

Die Schaffung eines sicheren und respektvollen Umfelds ist von grundlegender Bedeutung, wenn es darum geht, angespannte Situationen effektiv zu bewältigen und zu deeskalieren. Die Essenz einer sicheren und respektvollen Umgebung liegt darin, der anderen Person das Gefühl zu geben, gehört, geschätzt und sicher zu sein, was entscheidend ist, um erhöhte Emotionen zu beruhigen und einen konstruktiven Dialog zu ermöglichen. Dieser Prozess beinhaltet eine Kombination aus physischem Raum, zwischenmenschlicher Kommunikation und emotionaler Sensibilität.

Die physische Umgebung, in der ein Konflikt auftritt, kann einen erheblichen Einfluss auf den Gesamtton und das Ergebnis der Interaktion haben. Eine sichere Umgebung ist eine Umgebung, in der die Person das Gefühl hat, dass ihr emotionaler und physischer Raum respektiert wird. Das bedeutet, dass sichergestellt werden muss, dass die Umgebung für ein offenes und ruhiges Gespräch förderlich ist. Wenn möglich, kann beispielsweise die Suche nach einem ruhigen, neutralen Ort fern von Ablenkungen oder Menschenmassen dazu beitragen, externe Stressfaktoren zu minimieren und eine kontrolliertere Umgebung zu schaffen. Ein solches Setting ermöglicht es beiden Parteien, sich ohne zusätzlichen Druck durch externe Störungen auf die Diskussion zu konzentrieren. Darüber hinaus kann die Anordnung der Sitzgelegenheiten in einer Weise, die Offenheit fördert – z. B. in einem leichten Winkel statt direkt gegenüber – dazu beitragen, das Gefühl der Konfrontation zu verringern und den Komfort zu erhöhen.

Ebenso wichtig ist es, dafür zu sorgen, dass das emotionale Klima des Gesprächs Sicherheit und Respekt fördert. Dies beginnt mit der Etablierung und Aufrechterhaltung eines Tons, der Empathie, Geduld und Urteilslosigkeit vermittelt. Wenn jemand wütend ist, fühlt er sich oft verletzlich und verurteilt, was seine Frustration noch verstärken kann. Um dem entgegenzuwirken, ist es unerlässlich, die Situation mit einer Denkweise des Verständnisses und nicht der Abwehr anzugehen. Dazu gehört, ihren Sorgen aktiv und einfühlsam zuzuhören, ihre Gefühle anzuerkennen und davon abzusehen, ihre Erfahrung zu unterbrechen oder abzulehnen. Indem Sie zeigen, dass ihre Emotionen berechtigt und beachtenswert sind, tragen Sie dazu bei, eine Grundlage des Vertrauens und des Respekts aufzubauen.

Die Körpersprache spielt eine wichtige Rolle bei der Schaffung eines respektvollen Umfelds. Offene und nicht bedrohliche Gesten, wie z. B. eine entspannte Haltung, sanfte Handbewegungen und beruhigendes Nicken, können vermitteln, dass Sie ansprechbar sind und sich in das Gespräch einbringen. Wenn du aggressive oder verschlossene Körpersprache vermeidest, wie z. B. die Arme verschränken, die Augen verdrehen oder auf die Uhr schaust, stellst du sicher, dass dein Verhalten nicht versehentlich Desinteresse oder Feindseligkeit signalisiert. Nonverbale Hinweise sollten mit Ihren verbalen Botschaften übereinstimmen, um zu bekräftigen, dass Sie voll engagiert und unterstützend sind.

Der Tonfall ist ein weiteres entscheidendes Element, um eine respektvolle Atmosphäre zu schaffen. Wenn Sie in einem ruhigen, gemessenen Ton sprechen, können Sie Spannungen abbauen und vermitteln, dass Sie Ihre eigenen Emotionen unter Kontrolle haben. Hohe oder laute Stimmen können als konfrontativ oder aggressiv wahrgenommen werden, was die wütende Person weiter aufwühlen kann. Stattdessen kann ein gleichmäßiger und beruhigender Ton helfen, ihre Emotionen zu beruhigen und einen produktiveren Dialog zu ermöglichen. Es ist auch hilfreich, ein moderates Tempo in Ihrer Rede zu verwenden und eine schnelle oder zu langsame Darbietung zu vermeiden, die ängstlich oder herablassend wirken kann.

Respektvolle Kommunikation geht über den Umgang mit Ton und Körpersprache hinaus. Es geht auch um die Wahl der Worte und die Art und Weise, wie sie vorgetragen werden. Die Verwendung einer inklusiven Sprache, die sich auf Zusammenarbeit und Problemlösung konzentriert, kann helfen, Ärger zu entschärfen und ein Gefühl der Partnerschaft zu fördern. Zum Beispiel Sätze wie "Lassen Sie uns gemeinsam eine Lösung finden" oder "Ich verstehe, dass Ihnen das wichtig ist; Wie können wir dieses Problem angehen?" vermitteln, dass Sie daran interessiert sind, die Situation zu lösen, anstatt einen Streit zu gewinnen. Es ist auch wichtig, anklagende oder aufrührerische Sprache zu vermeiden; Worte, die beschuldigen oder kritisieren, können die Abwehrhaltung verstärken und den Konflikt verschlimmern. Konzentrieren Sie sich stattdessen darauf, Verständnis auszudrücken und nach Gemeinsamkeiten zu suchen.

Zur Schaffung eines sicheren und respektvollen Umfelds gehört auch, eventuell vorhandene Machtdynamiken anzuerkennen und anzugehen. In vielen Situationen kann eine Partei mehr Autorität oder Einfluss haben als die andere, was sich darauf auswirken kann, wie Konflikte gehandhabt und wahrgenommen werden. Wenn man sich dieser Dynamiken bewusst ist und sich um gleiche Wettbewerbsbedingungen bemüht, kann dies dazu beitragen, dass sich die andere Person respektiert und geschätzt fühlt. Dies kann bedeuten, dass wir aktiv um ihren Input bitten, ihre Perspektiven validieren und Handlungen oder Aussagen vermeiden, die als abweisend oder herablassend interpretiert werden könnten.

Ein weiterer wichtiger Aspekt bei der Förderung eines respektvollen Umfelds ist der effektive Umgang mit den eigenen Emotionen. Wenn man mit Wut konfrontiert wird, ist es natürlich, sich defensiv oder frustriert zu fühlen. Wenn Sie jedoch zulassen, dass diese Emotionen die Oberhand gewinnen, kann dies Ihre Fähigkeit beeinträchtigen, ein unterstützendes Umfeld zu schaffen. Das Üben von Selbstregulierungstechniken, wie z. B. tiefes Atmen oder sich einen Moment Zeit zu nehmen, um deine Gedanken zu sammeln, kann dir helfen, ruhig und gelassen zu bleiben. Diese emotionale Kontrolle hilft nicht nur, das Gespräch auf Kurs zu halten, sondern ist auch ein positives Beispiel für die andere Person und zeigt, dass es möglich ist, auch in herausfordernden Situationen Respekt und Gelassenheit zu bewahren.

Der Aufbau von Beziehung und Vertrauen durch kleine Gesten der Freundlichkeit und Rücksichtnahme kann ebenfalls zu einem respektvollen Umfeld beitragen. Einfache Handlungen wie das Anbieten eines Glases Wasser, echtes Interesse an der Perspektive der anderen Person oder das Einfühlungsvermögen der anderen Person können dazu beitragen, ein Gefühl der Verbundenheit und des Vertrauens aufzubauen. Diese Gesten, auch wenn sie unbedeutend erscheinen, können das emotionale Klima der Interaktion erheblich beeinflussen und dazu führen, dass sich die andere Person wohler fühlt.

In einigen Fällen kann die Schaffung eines sicheren Umfelds auch bedeuten, dass vergangene Missstände oder ungelöste Probleme, die zum aktuellen Konflikt beitragen könnten, anerkannt und angegangen werden. Indem du diese zugrundeliegenden Bedenken erkennst und validierst, zeigst du dein Engagement, den breiteren Kontext der Wut zu verstehen und zu lösen. Dieser Ansatz hilft nicht nur, das unmittelbare Problem anzugehen, sondern fördert auch eine umfassendere und einfühlsamere Lösung.

Schließlich ist es wichtig zu erkennen, dass die Schaffung einer sicheren und respektvollen Umgebung ein fortlaufender Prozess und keine einmalige Anstrengung ist. Der Aufbau und die Aufrechterhaltung von Vertrauen erfordert konsequente Anstrengung und Aufmerksamkeit. Kontinuierlicher Respekt, Empathie und Verständnis in allen Interaktionen trägt dazu bei, ein positives Umfeld zu stärken und Beziehungen im Laufe der Zeit zu stärken. Dieser proaktive Ansatz verbessert nicht nur Ihre Fähigkeit, Konflikte effektiv zu bewältigen, sondern trägt auch zu insgesamt positiven und unterstützenden Kommunikationspraktiken bei.

Die Schaffung eines sicheren und respektvollen Umfelds ist ein wesentlicher Bestandteil des Umgangs mit und der Deeskalation von Wut. Indem Sie sich auf die physische Umgebung konzentrieren, eine positive Körpersprache verwenden, einen ruhigen und respektvollen Tonfall beibehalten und Empathie und Verständnis fördern, können Sie eine Atmosphäre schaffen, die eine effektive Kommunikation und Lösung ermöglicht. Dieser Ansatz hilft nicht nur, unmittelbare Konflikte anzugehen, sondern baut auch eine Basis des Vertrauens und Respekts auf, die langfristig positive Interaktionen und Beziehungen unterstützt.

KAPITEL 5

DIE 90-SEKUNDEN-REGEL IN AKTION

SCHRITT-FÜR-SCHRITT-ANLEITUNG ZUR DEESKALATION

In stressigen Situationen, in denen die Emotionen hochkochen, kann die Fähigkeit, schnell und effektiv zu deeskalieren, einen erheblichen Unterschied machen. Die 90-Sekunden-Regel ist ein strategischer Ansatz, um solche angespannten Interaktionen zu bewältigen, mit dem Ziel, den Ärger einer Person innerhalb eines kurzen Zeitrahmens auf ein besser kontrollierbares Niveau zu bringen. Diese Methode stützt sich auf eine Reihe von gezielten Aktionen, die darauf abzielen, die zugrunde liegenden emotionalen Turbulenzen anzugehen und einen Raum für einen konstruktiven Dialog zu schaffen.

Der erste entscheidende Schritt bei der Anwendung der 90-Sekunden-Regel besteht darin, eine unmittelbare Beziehung herzustellen. Wenn die Emotionen eskalieren, wird das Gefühl des Einzelnen, gehört und verstanden zu werden, entscheidend. Beginnen Sie damit, ihre Gefühle anzuerkennen, ohne in Problemlösungs- oder Verteidigungsposen zu verfallen. Einfache Aussagen wie "Ich sehe, dass dich das wirklich aufwühlt" oder "Ich verstehe, dass diese Situation frustrierend ist" bestätigen ihre emotionale Erfahrung. Diese anfängliche Anerkennung ist unerlässlich, um eine Verbindung aufzubauen und Empathie zu demonstrieren. Es hilft, die unmittelbare Spannung zu entschärfen, indem es zeigt, dass Sie sich für ihre Perspektive engagieren und besorgt sind.

Nach der Anerkennung ihrer Gefühle ist es wichtig, Techniken des aktiven Zuhörens anzuwenden. Aktives Zuhören beinhaltet mehr als nur das Hören der Worte; Es erfordert ein vollständiges Verständnis der zugrunde liegenden Emotionen und Bedenken. Halten Sie Blickkontakt und verwenden Sie nonverbale Signale wie Nicken, um zu zeigen, dass Sie aufmerksam zuhören. Reflektieren Sie, was die Person gesagt hat, um Verständnis zu zeigen, z. B. indem Sie wichtige Punkte wiederholen oder ihre Bedenken zusammenfassen. Diese Reflexion hilft dem Einzelnen, sich gehört und bestätigt zu fühlen, was beruhigend sein kann und die Intensität seiner Wut verringern kann.

Konzentrieren Sie sich gleichzeitig darauf, Ihre eigene Körpersprache und Ihren Tonfall zu steuern. Eine offene, entspannte Haltung und ein ruhiger, gleichmäßiger Ton tragen dazu bei, eine nicht bedrohliche Umgebung zu schaffen. Ihre physische Präsenz sollte vermitteln, dass Sie ansprechbar und bereit sind, sich konstruktiv zu engagieren. Vermeide Gesten oder Ausdrücke, die als abweisend oder konfrontativ empfunden werden könnten, wie z. B. die Arme verschränken oder die Augen verdrehen. Ihr Ziel ist es, Ruhe und Offenheit auszustrahlen, die wesentlich zum Deeskalationsprozess beitragen können.

Im Laufe des Gesprächs ist es von Vorteil, offene Fragen zu stellen, die die Person dazu ermutigen, ihre Gefühle und Gedanken auszuarbeiten. Fragen wie "Können Sie mir mehr darüber erzählen, was Sie gestört hat?" oder "Was würde Ihrer Meinung nach zur Verbesserung der Situation beitragen?" laden sie ein, ihre Bedenken detaillierter zu äußern. Dies hilft nicht nur, die Ursache ihrer Wut zu verstehen, sondern verlagert auch ihren Fokus von der emotionalen Hitze des Augenblicks auf einen analytischeren Ansatz. Indem Sie sie in einen Dialog über Lösungen einbeziehen, können Sie das Gespräch in eine produktivere und weniger konfrontative Richtung lenken.

Es ist zwar wichtig, aktiv zuzuhören und nach Lösungen zu suchen, aber es ist ebenso wichtig, defensiv zu reagieren oder sofortige Lösungen anzubieten, die möglicherweise nicht die Wurzel ihrer Frustration angehen. Schnelle Lösungen können manchmal als unaufrichtig oder oberflächlich empfunden werden, wenn sie nicht mit den zugrunde liegenden

Problemen übereinstimmen. Priorisieren Sie stattdessen die Bestätigung ihrer Gefühle und zeigen Sie, dass Sie sich wirklich dafür einsetzen, ihre Bedenken zu verstehen und anzusprechen. Dieser Ansatz trägt zum Aufbau von Vertrauen bei und verringert die Wahrscheinlichkeit einer weiteren Eskalation.

Der nächste Schritt besteht darin, Beruhigungstechniken einzuführen, die helfen können, Spannungen weiter abzubauen. Techniken wie tiefe Atemübungen können sowohl die individuellen als auch die eigenen Emotionen beruhigen. Ermutigen Sie die Person, langsame, tiefe Atemzüge zu nehmen, was dazu beitragen kann, die physiologische Erregung zu senken und ein Gefühl der Entspannung zu fördern. Du könntest etwas sagen wie: "Lass uns einen Moment Zeit nehmen, um gemeinsam tief durchzuatmen. Es kann helfen, unseren Geist und Körper zu beruhigen." Diese gemeinsame Aktivität trägt nicht nur dazu bei, unmittelbaren Stress abzubauen, sondern fördert auch das Gefühl der Zusammenarbeit und Partnerschaft.

Überwachen Sie im Laufe der Interaktion weiterhin und passen Sie Ihren Ansatz basierend auf den Antworten der Person an. Achten Sie auf ihren emotionalen Zustand und passen Sie Ihren Kommunikationsstil nach Bedarf an. Wenn Sie bemerken, dass sie sich zu beruhigen beginnen, können Sie den Fokus allmählich auf die Problemlösung oder das Besprechen möglicher Lösungen verlagern. Wenn die Person weiterhin sehr aufgeregt ist, kann es notwendig sein, den Deeskalationsprozess zu verlängern und sich auf weitere Beruhigung und Verständnis zu konzentrieren.

Während des gesamten 90-Sekunden-Regelprozesses ist es von größter Bedeutung, sich auf Empathie und Respekt zu konzentrieren. Jede Interaktion ist einzigartig, und die emotionale Dynamik kann sehr unterschiedlich sein. Daher ist es entscheidend, flexibel zu sein und auf die Bedürfnisse und Emotionen des Einzelnen einzugehen. Indem Sie geduldig und einfühlsam bleiben, können Sie dazu beitragen, einen positiveren und konstruktiveren Dialog zu fördern, der letztendlich zu einer Lösung führt, die auf ihre Bedenken eingeht und ihren Ärger lindert.

Zusammenfassend lässt sich sagen, dass die 90-Sekunden-Regel zur Deeskalation ein strukturiertes Vorgehen im Umgang mit Wut und Konflikten beinhaltet. Indem Sie die Gefühle der Person schnell anerkennen, aktiv zuhören, Ihre eigene Körpersprache und Ihren eigenen Tonfall steuern, offene Fragen stellen und Beruhigungstechniken einführen, können Sie effektiv Spannungen abbauen und das Gespräch in eine positivere und lösungsorientiertere Richtung lenken. Der Erfolg dieses Ansatzes beruht auf der Fähigkeit, ein sicheres und respektvolles Umfeld zu schaffen, Empathie zu zeigen und sich an die emotionale Dynamik der Situation anzupassen. Mit Übung und Beachtung dieser Prinzipien können Sie Ihre Fähigkeit verbessern, angespannte Interaktionen zu deeskalieren und konstruktivere und harmonischere Ergebnisse zu erzielen.

UMGANG MIT AUSLÖSERN UND ESKALATION

Um innerhalb kurzer Zeit effektiv mit Wut umzugehen, insbesondere unter Bedingungen mit hohem Stress, müssen die spezifischen Auslöser verstanden und angegangen werden, die eine Situation eskalieren lassen können. Die 90-Sekunden-Regel, die darauf ausgelegt ist, die Spannungen schnell zu deeskalieren, ist besonders nützlich, wenn es darum geht, solche Auslöser zu bewältigen und eine weitere Eskalation zu verhindern. Dieser Ansatz beruht darauf, die Schlüsselelemente zu erkennen, die zu erhöhten Emotionen beitragen, und strategische Schritte zu unternehmen, um ihre Auswirkungen abzumildern.

Das Herzstück einer effektiven Deeskalation ist ein ausgeprägtes Bewusstsein für die häufigsten Auslöser, die Wut verstärken können. Zu diesen Auslösern gehören oft wahrgenommene Bedrohungen, unfaire Behandlung und

Frustration über unerfüllte Erwartungen. Indem Sie diese Auslöser umgehend erkennen und angehen, können Sie ihr Potenzial für eine Eskalation der Situation verringern. Wenn eine Person zum Beispiel aufgrund einer wahrgenommenen Ungerechtigkeit oder Ungerechtigkeit wütend ist, kann es helfen, ihre Frustrationsgefühle anzuerkennen und ihre Perspektive zu bestätigen, um ihre Wut zu entschärfen. Das Ignorieren oder Abtun ihrer Bedenken kann ihre Emotionen weiter verstärken und zu schwereren Konflikten führen.

Zu verstehen, wie Auslöser funktionieren, ist für die effektive Umsetzung der 90-Sekunden-Regel unerlässlich. Wenn eine Person auf einen Auslöser stößt, kann ihre emotionale Reaktion schnell von Irritation zu Wut oder sogar Wut eskalieren. Diese Reaktion ist oft das Ergebnis des Gefühls, bedroht, nicht respektiert oder missverstanden zu werden. Um diesen Prozess zu bewältigen, ist es entscheidend, ein ruhiges und einfühlsames Auftreten anzunehmen. Indem Sie die emotionalen Auswirkungen des Auslösers ansprechen, anstatt defensiv zu reagieren, helfen Sie, die Unruhe der Person zu beruhigen und die Interaktion in eine kontrolliertere und konstruktivere Richtung zu lenken.

Der erste Schritt im Umgang mit Auslösern besteht darin, ruhig und gelassen zu bleiben. Ihr eigener emotionaler Zustand kann maßgeblich beeinflussen, wie effektiv Sie die Situation bewältigen. Wenn du mit erhöhten Emotionen oder Abwehrhaltung reagierst, kannst du unbeabsichtigt zur Eskalation der Wut beitragen. Üben Sie daher Techniken zur Selbstregulierung, um Ihre Gelassenheit zu bewahren. Tiefes Atmen, Achtsamkeit oder eine kurze mentale Pause können dir helfen, die Situation mit Klarheit und Kontrolle anzugehen.

Sobald Sie eine ruhige Präsenz etabliert haben, konzentrieren Sie sich auf eine einfühlsame Kommunikation. Beginnen Sie damit, die Gefühle der anderen Person und die Auswirkungen des Auslösers anzuerkennen. Wenn der Auslöser zum Beispiel eine wahrgenommene Kränkung oder

Fehlkommunikation ist, könntest du sagen: "Ich verstehe, dass du frustriert bist über das, was passiert ist. Lassen Sie uns darüber sprechen, damit wir auf Ihre Bedenken eingehen können." Diese Anerkennung zeigt, dass du auf ihre Emotionen eingestimmt bist und dich dafür einsetzt, eine Lösung zu finden. Es hilft auch, unmittelbare Spannungen zu entschärfen, indem es zeigt, dass ihre Gefühle ernst genommen werden.

Aktives Zuhören ist eine weitere wichtige Komponente bei der Bewältigung von Auslösern und der Verhinderung von Eskalationen. Indem Sie aufmerksam zuhören, geben Sie dem Einzelnen die Möglichkeit, seine Sorgen umfassend zu äußern. Bei diesem Prozess geht es nicht nur darum, ihre Worte zu hören, sondern auch darum, die zugrunde liegenden Emotionen und Motivationen zu verstehen. Reflektieren Sie, was sie sagen, um zu zeigen, dass Sie engagiert sind, und um Missverständnisse zu klären. Du könntest zum Beispiel sagen: "Es klingt, als wärst du wirklich verärgert über dieses Problem. Können Sie mir helfen, mehr darüber zu verstehen, was Sie beunruhigt?" Dieser Ansatz hilft, ihre Erfahrungen zu validieren und Frustrationsgefühle zu reduzieren.

Wenn Sie sich weiterhin mit dem Auslöser befassen, ist es wichtig, Reaktionen zu vermeiden, die als abweisend oder konfrontativ wahrgenommen werden könnten. Konzentrieren Sie sich stattdessen auf Deeskalationsstrategien, bei denen Zusammenarbeit und Problemlösung im Vordergrund stehen. Wenn die Person das Gefühl hat, dass ihre Bedenken respektvoll angesprochen werden, ist es wahrscheinlicher, dass sie sich beruhigt und in einen konstruktiven Dialog tritt. Das Anbieten von Lösungen oder Kompromissen sollte erfolgen, nachdem Sie ihre Gefühle vollständig anerkannt und ihre Bedenken untersucht haben, und nicht als unmittelbare Antwort. Dadurch wird sichergestellt, dass alle vorgeschlagenen Lösungen relevant sind und das Problem an der Wurzel packen.

Eine weitere effektive Strategie für den Umgang mit Auslösern besteht darin, den physischen Raum und die Umgebungsfaktoren zu managen, die zur Eskalation beitragen könnten. Stellen Sie sicher, dass die Umgebung einer ruhigen Kommunikation förderlich ist, indem Sie Ablenkungen minimieren und eine angenehme Atmosphäre schaffen. Wenn die Situation in einer öffentlichen oder stressigen Umgebung auftritt, sollten Sie in Erwägung ziehen, in einen ruhigeren und privateren Raum zu ziehen, in dem sich beide Parteien ohne zusätzlichen Druck auf das Gespräch konzentrieren können. Diese Veränderung des Umfelds kann dazu beitragen, externe Stressoren zu reduzieren und einen günstigeren Raum für Lösungen zu schaffen.

Während der gesamten Interaktion ist es wichtig, auf Anzeichen einer weiteren Eskalation zu achten. Selbst nachdem die ersten Auslöser angesprochen wurden, kann die Person immer noch erhöhte Emotionen erleben. Achte auf Hinweise wie erhöhte Unruhe, erhobene Stimme oder angespannte Körpersprache. Wenn Sie diese Anzeichen bemerken, wenden Sie weiterhin beruhigende Techniken an, z. B. einen gleichmäßigen Tonfall, unterstützende Gesten und beruhigende Gesten. Ihre kontinuierlichen Bemühungen, die Situation zu bewältigen, können dazu beitragen, die Eskalation des Ärgers zu verhindern und ein positiveres Ergebnis zu fördern.

In Situationen, in denen die Wut der Person tief verwurzelt oder komplex ist, kann es notwendig sein, den Deeskalationsprozess über die ersten 90 Sekunden hinaus zu verlängern. Erkennen Sie, wann zusätzliche Zeit und Mühe erforderlich sind, um die zugrunde liegenden Probleme zu beheben oder eine solidere Grundlage für die Lösung zu schaffen. Geduld und Beharrlichkeit sind in solchen Fällen das A und O, da sie ein Engagement für die Lösung des Konflikts und eine umfassende Auseinandersetzung mit den Anliegen der Person zeigen.

Es ist auch wichtig, über jede Erfahrung im Umgang mit Auslösern und Deeskalation nachzudenken und daraus zu lernen. Nachdem die Situation gelöst wurde, nehmen Sie sich Zeit, um zu bewerten, welche Strategien effektiv waren, und Bereiche mit Verbesserungspotenzial zu identifizieren. Überlegen Sie, wie gut Sie mit den Auslösern umgegangen sind und ob Ihre Reaktionen dazu beigetragen haben, die Situation zu beruhigen. Diese Reflexion kann wertvolle Erkenntnisse für den Umgang mit zukünftigen Konflikten und die Verbesserung Ihrer Deeskalationsfähigkeiten liefern.

Die Anwendung der 90-Sekunden-Regel zur Bewältigung von Auslösern und zur Verhinderung von Eskalationen erfordert eine Reihe durchdachter und strategischer Maßnahmen. Indem Sie ruhig bleiben, Gefühle anerkennen und validieren, aktives Zuhören üben und sich auf einfühlsame Kommunikation konzentrieren, können Sie die Ursachen von Wut angehen und die Interaktion zu einer konstruktiveren Lösung führen. Das Management der physischen Umgebung und die Aufmerksamkeit für Anzeichen einer Eskalation unterstützen den Deeskalationsprozess zusätzlich. Durch kontinuierliches Reflektieren und Lernen können Sie Ihre Fähigkeit verbessern, mit angespannten Situationen effektiv umzugehen und einen positiveren und respektvolleren Umgang zu fördern.

UMGANG MIT SCHWIERIGEN GESPRÄCHEN

Der Umgang mit schwierigen Gesprächen mit der 90-Sekunden-Regel ist eine wesentliche Fähigkeit, um stressige Interaktionen effektiv zu bewältigen. Die Regel bietet einen strukturierten Ansatz, um Wut zu deeskalieren und einen produktiven Dialog innerhalb eines kurzen und kritischen Zeitfensters zu fördern. Die Beherrschung dieser Technik erfordert eine Kombination aus emotionaler Intelligenz, strategischer Kommunikation und schnellem Handeln.

Wenn Sie mit einem herausfordernden Gespräch konfrontiert werden, besteht der erste Schritt darin, ein Umfeld des Respekts und der Offenheit zu schaffen. Das beginnt damit, dass man sich mit Empathie und Verständnis mit dem emotionalen Zustand der Person auseinandersetzt. Das Erkennen und Bestätigen ihrer Gefühle ist von entscheidender Bedeutung, da sie dazu beiträgt, eine Beziehung aufzubauen und anfängliche Spannungen abzubauen. Wenn sich zum Beispiel jemand über eine wahrgenommene Ungerechtigkeit oder Fehlkommunikation aufregt, beginne damit, seine emotionale Reaktion anzuerkennen. Sätze wie "Ich sehe, dass dich das wirklich ärgert" oder "Es klingt, als wärst du frustriert" können viel dazu beitragen, dass sich die Person gehört und respektiert fühlt. Diese erste Anerkennung gibt den Ton für ein produktiveres Gespräch an und signalisiert, dass Sie engagiert und einfühlsam sind.

Im Laufe des Gesprächs ist es wichtig, aktive Zuhörtechniken anzuwenden. Beim aktiven Zuhören geht es nicht nur darum, die gesprochenen Worte zu hören, sondern auch darum, die Emotionen und zugrunde liegenden Probleme zu verstehen. Dazu gehört, der Person Ihre volle Aufmerksamkeit zu schenken, Blickkontakt zu halten und nonverbale Signale wie Nicken zu verwenden, um zu zeigen, dass Sie engagiert sind. Wenn Sie das Gehörte reflektieren, indem Sie entweder ihre Bedenken zusammenfassen oder ihre Aussagen paraphrasieren, zeigen Sie, dass Sie wirklich an ihrer Perspektive interessiert sind. Du könntest zum Beispiel sagen: "Es scheint, als ob du wirklich besorgt darüber bist, wie diese Situation gehandhabt wurde. Können Sie mir helfen, mehr darüber zu verstehen, was Sie genau stört?" Dieser Ansatz hilft, ihre Erfahrungen zu validieren und kann Gefühle von Frustration und Entfremdung reduzieren.

Der Umgang mit Ihren eigenen emotionalen Reaktionen ist ein weiterer wichtiger Aspekt für den effektiven Umgang mit schwierigen Gesprächen. Ihre Fähigkeit, ruhig und gelassen zu bleiben, hat einen großen Einfluss auf das Ergebnis der Interaktion. Wenn man mit Wut oder Feindseligkeit konfrontiert wird, ist es leicht, defensiv zu reagieren oder emotional aufgeladen zu werden. Ein ruhiges Auftreten hilft jedoch, eine weitere Eskalation zu verhindern und ist ein positives Beispiel für die andere Person. Wenden Sie Techniken wie tiefes Atmen oder eine kurze mentale Pause an, um zentriert und fokussiert zu bleiben. Indem Sie Ihre Emotionen im Griff haben, können Sie das Gespräch effektiver in Richtung Lösung führen.

Die Körpersprache und der Tonfall spielen eine wichtige Rolle bei der Gestaltung der Interaktion. Eine offene und nicht bedrohliche Haltung, gepaart mit einem ruhigen und gemessenen Ton, kann dazu beitragen, ein förderlicheres Gesprächsumfeld zu schaffen. Es ist wichtig, aggressive oder abweisende Gesten wie das Verschränken der Arme oder das Rollen der Augen zu vermeiden. Versuchen Sie stattdessen, durch eine positive Körpersprache zu kommunizieren, z. B. indem Sie Ihre Körperhaltung entspannt halten und beruhigende Gesten verwenden. Dein Ton sollte ruhig und beruhigend sein und vermitteln, dass du ruhig bist und die Situation unter Kontrolle hast. Dieser Ansatz trägt zum Aufbau von Vertrauen bei und verringert die Wahrscheinlichkeit weiterer Unruhe.

Bei schwierigen Gesprächen ist es auch wichtig, spezifische Probleme oder Bedenken der anderen Person anzusprechen. Der Versuchung zu widerstehen, Sofortlösungen anzubieten oder Versprechungen zu machen, kann kontraproduktiv sein, wenn diese Lösungen das Kernproblem nicht angehen. Konzentrieren Sie sich stattdessen darauf, das zugrunde liegende Problem zu verstehen und die Bereitschaft auszudrücken, auf eine Lösung hinzuarbeiten. Du könntest zum Beispiel sagen: "Ich verstehe deine Bedenken zu diesem Thema. Lassen Sie uns gemeinsam über Möglichkeiten sprechen, wie wir das Problem angehen können." Dieser kollaborative Ansatz hilft, den Fokus von

Schuld oder Frustration auf Problemlösung und gegenseitiges Verständnis zu verlagern.

Das Einbeziehen von Beruhigungstechniken während des Gesprächs kann weiter helfen, Emotionen zu bewältigen und die Lösung zu erleichtern. Techniken wie tiefe Atemübungen oder das Vorschlagen einer kurzen Pause können beiden Parteien helfen, die Fassung wiederzuerlangen. Wenn es angebracht ist, könntest du die andere Person ermutigen, ein paar Mal tief durchzuatmen oder eine kurze Pause vorschlagen, wenn die Emotionen zu hoch kochen. Diese Strategien können dazu beitragen, die physiologische Erregung zu reduzieren und eine entspanntere Atmosphäre für weitere Diskussionen zu schaffen.

Während des gesamten Gesprächs ist es wichtig, anpassungsfähig zu bleiben und auf die Bedürfnisse und Emotionen der Person einzugehen. Die Beobachtung ihrer Reaktionen und die Anpassung Ihres Ansatzes bei Bedarf kann einen erheblichen Unterschied machen. Wenn du bemerkst, dass die Person immer unruhiger wird, musst du vielleicht wieder einfühlsam zuhören oder die Bestätigung ihrer Gefühle verstärken. Wenn sie sich hingegen zu beruhigen beginnen, können Sie den Fokus allmählich auf einen konstruktiven Dialog und mögliche Lösungen verlagern. Flexibilität und Reaktionsfähigkeit sind der Schlüssel, um die Dynamik schwieriger Gespräche effektiv zu bewältigen.

Nach Abschluss des Gesprächs ist es von Vorteil, die Interaktion zu reflektieren und ihre Wirksamkeit zu bewerten. Überlegen Sie, welche Strategien zur Deeskalation der Situation erfolgreich waren und welche Bereiche verbessert werden könnten. Das Reflektieren dieser Erfahrungen hilft Ihnen, Ihre Herangehensweise zu verfeinern und Ihre Fähigkeiten im Umgang mit schwierigen Gesprächen zu verbessern. Kontinuierliches Lernen und Anpassung sind unerlässlich, um besser mit stressigen Interaktionen umgehen zu können.

Die Anwendung der 90-Sekunden-Regel auf schwierige Gespräche erfordert eine Reihe strategischer und einfühlsamer Maßnahmen. Indem Sie ein respektvolles Umfeld schaffen, aktives Zuhören üben, mit Ihren eigenen Emotionen umgehen und Beruhigungstechniken anwenden, können Sie angespannte Situationen effektiv bewältigen und einen produktiven Dialog fördern. Die Sorgen der Person zu verstehen und mit Empathie und Anpassungsfähigkeit umzugehen, ist entscheidend, um Wut zu deeskalieren und das Gespräch zu einer Lösung zu führen. Durch Übung und Reflexion können Sie Ihre Fähigkeit verbessern, herausfordernde Interaktionen zu bewältigen und positivere Ergebnisse zu erzielen.

TEIL III

Besondere Überlegungen

KAPITEL 6

DEESKALIEREN VON WUT IN BEZIEHUNGEN

ROMANTISCHE BEZIEHUNGEN

Im Bereich der romantischen Beziehungen ist der effektive Umgang mit Wut und Konflikten entscheidend für die Aufrechterhaltung einer gesunden und unterstützenden Partnerschaft. Wut ist zwar eine natürliche Emotion, kann aber zu einem erheblichen Hindernis für Kommunikation und Verbindung werden, wenn sie nicht angemessen angesprochen wird. Zu verstehen, wie man angespannte Situationen schnell und mitfühlend deeskaliert, kann die Dynamik einer romantischen Beziehung grundlegend verändern.

Im Mittelpunkt des Umgangs mit Wut in romantischen Beziehungen steht die Erkenntnis, dass Emotionen oft von tieferen Problemen und unerfüllten Bedürfnissen herrühren. Wenn Partner Ärger erleben, signalisiert dies häufig unterschwellige Frustrationen, Unsicherheiten oder Missverständnisse. Um diese Kernfragen anzugehen, bedarf es eines einfühlsamen und konstruktiven Dialogs beider Partner. Die Fähigkeit, einen wütenden Partner innerhalb kurzer Zeit zu beruhigen, kann dazu beitragen, das Gespräch von der Konfrontation zur Zusammenarbeit umzuleiten und so die Beziehung zu stärken.

Der erste Schritt, um Wut in einer romantischen Beziehung effektiv zu bewältigen, besteht darin, die Situation mit Einfühlungsvermögen und Verständnis anzugehen. Wenn dein Partner wütend ist, ist es wichtig, seine Gefühle anzuerkennen, ohne defensiv oder abweisend zu werden. Um ihre Emotionen zu validieren, müssen Sie aktiv zuhören und zeigen, dass Sie ihre Perspektive verstehen. Du könntest zum Beispiel sagen: "Ich sehe, dass du wirklich verärgert darüber bist. Ich möchte verstehen, was dich bedrückt, damit wir es gemeinsam verarbeiten können." Dieser Ansatz hilft bei der Deeskalation der Situation, indem er zeigt, dass Sie sich für die Lösung des Problems einsetzen, anstatt ihre Gefühle zu entkräften.

Aktives Zuhören ist ein entscheidender Bestandteil der Deeskalation in romantischen Beziehungen. Es erfordert nicht nur, die Worte Ihres Partners zu hören, sondern auch die Emotionen und Sorgen dahinter zu verstehen. Dazu gehört, dass du deine volle Aufmerksamkeit schenkst, Blickkontakt hältst und unterstützende nonverbale Signale verwendest. Wenn du darüber nachdenkst, was dein Partner gesagt hat, kann das auch zeigen, dass du wirklich zuhörst. Wenn dein Partner zum Beispiel seine Frustration darüber zum Ausdruck bringt, dass er sich vernachlässigt fühlt, könntest du antworten mit: "Es klingt, als würdest du dich nicht wertgeschätzt und übersehen fühlen. Ist das richtig?" Diese Art des reflektierenden Zuhörens hilft, ihre Gefühle zu bestätigen und fördert ein Gefühl der Verbundenheit und des gegenseitigen Verständnisses.

Ein ruhiges und gelassenes Auftreten ist wichtig, wenn man mit Wut in romantischen Beziehungen umgeht. Die eigene Gefühlslage kann den Verlauf der Situation maßgeblich beeinflussen. Wenn Sie mit erhöhten Emotionen oder Abwehrhaltung reagieren, kann dies den Konflikt verschlimmern. Üben Sie stattdessen Techniken zur Selbstregulierung wie tiefes Atmen oder eine kurze Pause, um Ihre Gelassenheit zu bewahren. Indem Sie Ihre eigenen Emotionen im Griff haben, schaffen Sie ein stabileres Umfeld, das eine effektive Kommunikation und Lösung unterstützt.

Ein weiterer wichtiger Aspekt beim Umgang mit Wut in romantischen Beziehungen ist es, auf deine Körpersprache und deinen Tonfall zu achten. Die nonverbale Kommunikation spielt eine wichtige Rolle dabei, wie Botschaften wahrgenommen werden. Eine offene und entspannte Haltung, gepaart mit einem ruhigen und gleichmäßigen Ton, kann helfen, Verspannungen zu deeskalieren. Vermeide Gesten oder Ausdrücke, die als abweisend oder konfrontativ interpretiert werden könnten, wie z. B. das Verschränken der Arme oder das Rollen der Augen. Ihr Ziel ist es, Empathie und Verständnis zu vermitteln, was dazu beitragen kann, die Intensität des Konflikts zu verringern und eine positivere Interaktion zu schaffen.

Konzentrieren Sie sich während des Gesprächs darauf, die zugrunde liegenden Probleme anzusprechen, anstatt sich in den unmittelbaren Ärger zu verwickeln. Vermeiden Sie voreilige Schlüsse oder Annahmen über die Ursache der Frustration. Treten Sie stattdessen in einen konstruktiven Dialog, um die Wurzel des Problems zu erforschen. Wenn der Ärger zum Beispiel von einem Missverständnis oder unerfüllten Erwartungen herrührt, besprechen Sie die spezifischen Bedenken und finden Sie gemeinsam Lösungen. Dieser kollaborative Ansatz verschiebt den Fokus von Schuldzuweisungen oder Abwehrhaltung hin zu Problemlösung und gegenseitiger Unterstützung.

In einigen Fällen kann es hilfreich sein, während des Gesprächs Beruhigungstechniken einzuführen. Techniken wie tiefe Atemübungen oder das Vorschlagen einer kurzen Pause können beiden Partnern helfen, ihre Gelassenheit wiederzuerlangen. Du könntest deinen Partner sanft ermutigen, ein paar tiefe Atemzüge zu nehmen oder eine kurze Pause zum Abkühlen vorschlagen. Diese Strategien können dazu beitragen, die physiologische Erregung zu verringern und eine entspanntere Atmosphäre für weitere Diskussionen zu schaffen.

Um mit Wut in romantischen Beziehungen umzugehen, muss man auch erkennen, wann es notwendig ist, zusätzliche Unterstützung zu suchen. Wenn Konflikte immer wieder auftreten oder sich tief verfestigen, kann es von Vorteil sein, eine Paartherapie oder -beratung in Anspruch zu nehmen. Professionelle Anleitung kann wertvolle Werkzeuge und

Strategien zur Bewältigung von Wut und zur Verbesserung der Kommunikation bieten. Die Suche nach externer Unterstützung zeigt das Engagement, die zugrunde liegenden Probleme anzugehen und auf eine gesündere und erfüllendere Beziehung hinzuarbeiten.

Wenn Sie über jede Erfahrung des Umgangs mit Wut in Ihrer Beziehung nachdenken, können Sie wertvolle Erkenntnisse für zukünftige Interaktionen gewinnen. Überlegen Sie, welche Strategien zur Deeskalation der Situation wirksam waren und welche Bereiche verbessert werden könnten. Die Reflexion über diese Erfahrungen hilft Ihnen, Ihren Ansatz zu verfeinern und Ihre Fähigkeiten im Umgang mit Konflikten zu verbessern. Kontinuierliches Lernen und Anpassung sind der Schlüssel zur Förderung einer positiven und belastbaren Partnerschaft.

Letztendlich besteht das Ziel des Umgangs mit Wut in romantischen Beziehungen darin, ein unterstützendes und verständnisvolles Umfeld zu schaffen, in dem sich beide Partner gehört und geschätzt fühlen. Indem Sie Konflikte mit Empathie angehen, aktives Zuhören üben, ein ruhiges Auftreten bewahren und zugrunde liegende Probleme gemeinsam angehen, können Sie angespannte Situationen effektiv bewältigen und Ihre Beziehung stärken. Durch kontinuierliche Reflexion und Wachstum können Sie eine widerstandsfähigere und erfüllendere Partnerschaft aufbauen, in der sich beide Partner verbunden und unterstützt fühlen.

Der Umgang mit Wut in romantischen Beziehungen erfordert einen durchdachten und einfühlsamen Ansatz. Indem Sie die Gefühle Ihres Partners bestätigen, aktiv zuhören und eine ruhige und unterstützende Präsenz bewahren, können Sie Konflikte effektiv deeskalieren und einen konstruktiven Dialog fördern. Die gemeinsame Auseinandersetzung mit den zugrunde liegenden Problemen und der Einsatz von Beruhigungstechniken unterstützen die Lösung zusätzlich. Das Nachdenken und Lernen aus jeder

Erfahrung verbessert Ihre Fähigkeit, mit zukünftigen Konflikten umzugehen, was letztendlich zu einer stärkeren und widerstandsfähigeren Beziehung führt.

FAMILIENDYNAMIK

Der Umgang mit Wut in der Familiendynamik erfordert ein nuanciertes Verständnis der einzigartigen Beziehungen und Emotionen, die im Spiel sind. Familienkonflikte sind zwar oft heftig, aber auch zutiefst persönlich und können in langjährigen Mustern und Geschichten verwurzelt sein. Um diese Konflikte effektiv anzugehen, müssen die spezifischen Dynamiken jedes Familienmitglieds anerkannt und Strategien angewendet werden, die die Lösung und das Verständnis fördern.

Die Familiendynamik ist geprägt von einem komplexen Geflecht von Beziehungen und emotionalen Bindungen. Wenn Ärger in einer Familie aufkommt, spiegelt er oft tiefere Probleme wider, wie z. B. unerfüllte Bedürfnisse, vergangene Missstände oder Missverständnisse. Die Fähigkeit, ein wütendes Familienmitglied schnell zu beruhigen, ist entscheidend, um eine Eskalation zu verhindern und die Harmonie zu wahren. Dieser Prozess beginnt mit einer Grundlage von Empathie und Respekt, in der Anerkennung, dass die Perspektive und die Emotionen jedes Familienmitglieds gültig sind.

Einer der ersten Schritte zum Umgang mit Wut in der Familiendynamik besteht darin, sich der Situation mit Sensibilität zu nähern. Im Gegensatz zu beruflichen oder lockeren Interaktionen sind familiäre Beziehungen oft von einem hohen Maß an emotionaler Bindung und Geschichte geprägt. So können Konflikte starke Reaktionen hervorrufen und von vergangenen Erfahrungen beeinflusst werden. Es ist wichtig, diese emotionalen Komplexitäten zu erkennen und zu respektieren, wenn man sich mit Wut auseinandersetzt. Wenn ein Familienmitglied zum Beispiel über eine vermeintliche Kränkung oder ein Missverständnis verärgert ist, ist es wichtig, seine Gefühle ohne Verurteilung anzuerkennen. Aussagen wie "Ich verstehe, dass diese Situation für Sie erschütternd war" helfen, ihre Emotionen zu bestätigen und die Tür für einen konstruktiven Dialog zu öffnen.

Aktives Zuhören spielt eine wichtige Rolle bei der Deeskalation von Ärger in familiären Interaktionen. Dazu gehört mehr als nur das Hören der gesprochenen Worte; Es erfordert Anstrengung, die zugrunde liegenden Emotionen und Bedenken zu verstehen. Wenn ein Familienmitglied Frustration oder Wut zum Ausdruck bringt, schenken Sie ihm Ihre volle Aufmerksamkeit und denken Sie über das Gehörte nach, um zu zeigen, dass Sie engagiert sind. Wenn ein Geschwisterkind zum Beispiel wütend ist, weil es sich von familiären Entscheidungen ausgeschlossen fühlt, könntest du sagen: "Es hört sich so an, als würdest du dich von dem, was passiert, ausgeschlossen fühlen, und das ist frustrierend. Können Sie mir mehr darüber erzählen, was vor sich geht?" Dieser Ansatz hilft, ihre Perspektive zu klären und zeigt, dass ihre Gefühle ernst genommen werden.

Gelassenheit zu bewahren ist entscheidend, wenn man mit Wut in der Familie umgeht. Deine Reaktion auf die Wut eines Familienmitglieds kann die Situation entweder eskalieren oder deeskalieren lassen. Eine defensive Reaktion oder mit gesteigerten Emotionen kann den Konflikt verschärfen. Üben Sie stattdessen Techniken zur emotionalen Regulierung wie tiefes Atmen oder eine kurze Pause, um die Ruhe zu bewahren. Indem Sie Ihre eigenen Reaktionen managen, tragen Sie zu einem stabileren Umfeld bei, das Lösung und Verständnis unterstützt.

Auch die Körpersprache und der Tonfall spielen eine wichtige Rolle im Umgang mit der Familie. Nonverbale Signale können Botschaften vermitteln, die Spannungen entweder abschwächen oder eskalieren. Verwenden Sie in Konfliktmomenten eine offene und nicht bedrohliche Körpersprache und sprechen Sie mit einem ruhigen und gleichmäßigen Tonfall. Vermeide Gesten oder Ausdrücke, die als abweisend oder konfrontativ empfunden werden könnten, wie z. B. Augenrollen oder Verschränken der Arme. Ihr Ziel ist es, ein Gefühl der Ruhe und Empathie zu vermitteln, das dazu beitragen kann, unmittelbare Wut zu entschärfen und ein konstruktiveres Gespräch zu ermöglichen.

Die Bekämpfung der Ursachen von Wut ist ein weiterer wichtiger Aspekt bei der Bewältigung von Familienkonflikten. Oft ist Ärger in der Familiendynamik ein Symptom für zugrunde liegende Probleme wie ungelöste Beschwerden oder unerfüllte Bedürfnisse. Anstatt sich nur auf den oberflächlichen Konflikt zu konzentrieren, sollten Sie daran arbeiten, diese tieferen Bedenken zu verstehen und anzugehen. Wenn sich beispielsweise ein Elternteil und ein Kind über die Verantwortung im Haushalt streiten, kann der Konflikt in umfassenderen Fragen der Kommunikation oder des Respekts wurzeln. Die Aufnahme eines Dialogs zur Erörterung dieser zugrunde liegenden Fragen kann dazu beitragen, den Konflikt effektiver zu lösen und zukünftige Meinungsverschiedenheiten zu vermeiden.

Neben der direkten Kommunikation kann die Schaffung eines unterstützenden Umfelds die Art und Weise, wie Konflikte bewältigt werden, erheblich beeinflussen. Familiäre Interaktionen finden oft in Kontexten statt, in denen Stress oder äußerer Druck vorhanden sind, z. B. bei vollen Terminkalendern oder bedeutenden Veränderungen im Leben. Indem Sie ein Umfeld der Unterstützung und des Verständnisses fördern, können Sie dazu beitragen, die Auswirkungen dieser externen Stressoren auf familiäre Konflikte zu mildern. Dazu gehört zum Beispiel, dass sie sich Zeit für Gespräche mit der Familie nehmen oder Räume schaffen, in denen sich die Mitglieder wohl fühlen, wenn sie ihre Bedenken äußern.

Beruhigungstechniken können auch eine Rolle bei der Bewältigung von Wut innerhalb der Familiendynamik spielen. Techniken wie tiefe Atemübungen oder kurze Pausen können helfen, die physiologische Erregung zu reduzieren und eine entspanntere Atmosphäre zu schaffen. Wenn zum Beispiel eine hitzige Diskussion zu intensiv wird, kann eine kurze Pause zur Abkühlung beiden Parteien helfen, ihre Fassung wiederzuerlangen und das Gespräch mit einer klareren Perspektive anzugehen.

Es ist auch wichtig zu erkennen, wann externe Unterstützung bei der Bewältigung familiärer Konflikte von Vorteil sein kann. Wenn wiederkehrende Probleme oder tief verwurzelte Missstände die Familiendynamik beeinträchtigen, kann die Suche nach Hilfe eines Familientherapeuten oder -beraters wertvolle Werkzeuge und Strategien zur Lösung bieten. Professionelle Beratung kann Familienmitgliedern helfen, komplexe Emotionen zu bewältigen und die Kommunikation zu verbessern, was zu einem effektiveren Konfliktmanagement und stärkeren Beziehungen führt.

Das Nachdenken über jeden Fall des Umgangs mit Wut innerhalb der Familiendynamik bietet Möglichkeiten für Wachstum und Verbesserung. Überlegen Sie, welche Strategien zur Deeskalation der Situation wirksam waren, und identifizieren Sie Bereiche für die weitere Entwicklung. Die Reflexion über diese Erfahrungen hilft, Ihre Herangehensweise zu verfeinern und Ihre Fähigkeiten im Umgang mit familiären Konflikten zu verbessern. Kontinuierliches Lernen und Anpassung sind der Schlüssel zur Förderung eines positiven und widerstandsfähigen familiären Umfelds.

Letztendlich erfordert der Umgang mit Wut in der Familiendynamik einen durchdachten und einfühlsamen Ansatz. Indem Sie Gefühle bestätigen, aktiv zuhören und die Fassung bewahren, können Sie Konflikte effektiv bewältigen und einen konstruktiven Dialog fördern. Die Auseinandersetzung mit den zugrunde liegenden Problemen und die Schaffung eines unterstützenden Umfelds unterstützen die Lösung weiter und stärken die familiären

Beziehungen. Durch kontinuierliche Reflexion und Wachstum können Sie eine harmonischere und unterstützendere Familiendynamik aufbauen, in der sich die Mitglieder verbunden, respektiert und verstanden fühlen.

Der Umgang mit Wut in der Familiendynamik erfordert eine Mischung aus Empathie, aktivem Zuhören und strategischer Kommunikation. Indem Sie die emotionale Komplexität familiärer Beziehungen verstehen und effektive Deeskalationstechniken anwenden, können Sie Konflikte bewältigen und die Verbindungen innerhalb Ihrer Familie stärken. Durch kontinuierliche Reflexion und Verbesserung können Sie ein unterstützendes und belastbares familiäres Umfeld schaffen, das positive Interaktionen und dauerhafte Beziehungen fördert.

KONFLIKTE AM ARBEITSPLATZ

Am Arbeitsplatz ist der Umgang mit Wut und die effektive Lösung von Konflikten unerlässlich, um ein produktives und harmonisches Umfeld zu erhalten. Konflikte am Arbeitsplatz können aus einer Vielzahl von Ursachen entstehen, darunter Missverständnisse, unterschiedliche Prioritäten und zwischenmenschliche Probleme. Die rechtzeitige und konstruktive Bewältigung dieser Konflikte trägt dazu bei, Eskalationen zu verhindern, eine positive Arbeitskultur zu fördern und sicherzustellen, dass die Mitarbeiter engagiert und motiviert bleiben.

Einer der Hauptfaktoren, die zu Konflikten am Arbeitsplatz beitragen, ist die Vielfalt der Teams. Mitarbeiter bringen unterschiedliche Hintergründe, Werte und Kommunikationsstile an den Arbeitsplatz ein, was zu Missverständnissen und Meinungsverschiedenheiten führen kann. Diese Unterschiede zu erkennen und sensibel anzugehen, ist der Schlüssel zu einem effektiven Umgang mit Konflikten. Wenn es zu einem Konflikt kommt, ist es wichtig, die Situation mit Empathie und Offenheit anzugehen und anzuerkennen, dass die Perspektive jeder Partei von ihren einzigartigen Erfahrungen und Standpunkten geprägt ist.

Effektives Konfliktmanagement beginnt mit aktivem Zuhören. Wenn Sie einen Konflikt ansprechen, konzentrieren Sie sich darauf, die Sorgen und Emotionen aller Beteiligten wirklich zu verstehen. Dabei geht es nicht nur darum, zu hören, was gesagt wird, sondern auch darum, die dahinterliegenden Gefühle und Motivationen zu interpretieren. Wenn zum Beispiel zwei Kollegen über eine Projektfrist streiten, hören Sie sich ihre jeweiligen Bedenken und Frustrationen genau an. Wenn Sie über das Gehörte nachdenken, indem Sie etwas sagen wie: "Ich verstehe, dass Sie das Gefühl haben, dass die Frist unrealistisch ist und dass sie Ihnen Stress bereitet", hilft dabei, ihre Emotionen zu bestätigen und zu zeigen, dass ihre Standpunkte berücksichtigt werden.

Gelassenheit und Professionalität zu bewahren ist entscheidend bei der Bewältigung von Konflikten am Arbeitsplatz. Ihre Reaktion auf einen Konflikt kann dessen Lösung erheblich beeinflussen. Eine Reaktion mit Abwehrhaltung oder gesteigerten Emotionen kann die Situation verschlimmern und einen konstruktiven Dialog behindern. Üben Sie stattdessen Techniken zur emotionalen Regulierung, wie z. B. tiefes Atmen oder sich einen Moment Zeit zu nehmen, um Ihre Gedanken zu sammeln, bevor Sie antworten. Indem Sie ruhig und gelassen bleiben, setzen Sie einen Ton der Professionalität und ermöglichen eine produktivere Diskussion.

Ein weiterer wichtiger Aspekt beim Umgang mit Konflikten am Arbeitsplatz ist das Bewusstsein für Ihre Körpersprache und Ihren Tonfall. Nonverbale Kommunikation kann die Dynamik eines Konflikts stark beeinflussen. Eine offene und nicht bedrohliche Haltung und ein ruhiger und gleichmäßiger Ton helfen, Spannungen abzubauen. Vermeide Gesten oder Ausdrücke, die als abweisend oder konfrontativ empfunden werden könnten, wie z. B. Augenrollen oder Verschränken der Arme. Ihr Ziel ist es, ein Gefühl des Respekts und der Bereitschaft zur Lösung des Problems zu vermitteln, was zu einem positiveren und kollaborativeren Umgang beitragen kann.

Die Bekämpfung der Ursachen von Konflikten am Arbeitsplatz ist für eine wirksame Lösung unerlässlich. Oft sind Konflikte Symptome für zugrunde liegende Probleme wie unerfüllte Bedürfnisse, mangelnde Klarheit oder Missverständnisse. Anstatt sich nur auf die unmittelbare Meinungsverschiedenheit zu konzentrieren, sollten Sie daran arbeiten, diese tieferen Bedenken zu identifizieren und anzugehen. Wenn beispielsweise ein Konflikt über Teamzuständigkeiten auftritt, untersuchen Sie, ob es zugrunde liegende Probleme im Zusammenhang mit der Arbeitslastverteilung oder der Rollenklarheit gibt. Indem Sie diese Ursachen angehen, können Sie auf eine umfassendere und dauerhaftere Lösung hinarbeiten.

Die Förderung einer offenen und ehrlichen Kommunikation ist ein wesentlicher Bestandteil des Konfliktmanagements. Schaffen Sie ein Umfeld, in dem sich die Mitarbeiter wohl fühlen, wenn sie ihre Bedenken äußern und Feedback geben. Dazu gehört die Förderung einer Kultur der Transparenz und des Respekts, in der unterschiedliche Meinungen wertgeschätzt und konstruktiv angesprochen werden. Ermutigen Sie die Teammitglieder, ihre Perspektiven auszutauschen und zusammenzuarbeiten, um für beide Seiten akzeptable Lösungen zu finden. Wenn es zum Beispiel zu Meinungsverschiedenheiten über einen Projektansatz kommt, moderieren Sie eine Diskussion, in der jede Partei ihre Ideen vorstellen und gemeinsam an einer Lösung arbeiten kann.

In einigen Fällen kann es notwendig sein, bei Konflikten zu vermitteln, um eine Lösung zu erleichtern. Bei der Mediation hilft ein neutraler Dritter, die Diskussion zu leiten und sicherzustellen, dass alle Standpunkte berücksichtigt werden. Ein kompetenter Mediator kann helfen,

Missverständnisse zu klären, einen konstruktiven Dialog zu ermöglichen und die Parteien bei der Lösungsfindung zu unterstützen. Mediation kann besonders in Situationen nützlich sein, in denen Konflikte tief verwurzelt sind oder mehrere Interessengruppen beteiligt sind.

Die Implementierung effektiver Konfliktlösungsprozesse kann auch zur Bewältigung von Konflikten am Arbeitsplatz beitragen. Die Festlegung klarer Verfahren für den Umgang mit Konflikten und der Zugang der Mitarbeiter zu Ressourcen wie Personalwesen oder Mitarbeiterunterstützungsprogrammen können helfen, Probleme zu bewältigen, bevor sie eskalieren. Stellen Sie sicher, dass die Mitarbeiter sich dieser Ressourcen bewusst sind, und ermutigen Sie sie, bei Bedarf Unterstützung zu suchen.

Die Reflexion von Konfliktlösungserfahrungen bietet wertvolle Erkenntnisse für zukünftige Interaktionen. Nehmen Sie sich nach der Lösung eines Konflikts Zeit, um zu bewerten, welche Strategien effektiv waren, und um verbesserungswürdige Bereiche zu identifizieren. Die Reflexion über diese Erfahrungen hilft Ihnen, Ihren Ansatz zu verfeinern und Ihre Fähigkeiten im Umgang mit Konflikten am Arbeitsplatz zu verbessern. Kontinuierliches Lernen und Anpassung sind der Schlüssel zur Förderung eines positiven und produktiven Arbeitsumfelds.

Letztendlich erfordert der Umgang mit Konflikten am Arbeitsplatz einen durchdachten und einfühlsamen Ansatz. Indem Sie aktiv zuhören, die Gelassenheit bewahren und die zugrunde liegenden Probleme ansprechen, können Sie Konflikte effektiv bewältigen und ein kollaboratives Arbeitsumfeld fördern. Die Förderung einer offenen Kommunikation, der Einsatz von Mediation, wenn nötig, und die Implementierung effektiver Konfliktlösungsprozesse unterstützen eine positive Arbeitsplatzkultur. Durch kontinuierliche Reflexion und Wachstum können Sie ein resilientes und harmonisches Team aufbauen, in dem

Konflikte konstruktiv gemanagt werden und sich die Mitarbeiter wertgeschätzt und unterstützt fühlen.

Zusammenfassend lässt sich sagen, dass der Umgang mit Ärger und Konflikten am Arbeitsplatz eine Mischung aus Empathie, aktivem Zuhören und strategischer Kommunikation erfordert. Indem Sie die einzigartige Dynamik von Beziehungen am Arbeitsplatz verstehen und effektive Konfliktmanagementtechniken anwenden, können Sie Streitigkeiten lösen und ein produktives und positives Arbeitsumfeld aufrechterhalten. Durch kontinuierliche Verbesserung und Reflexion können Sie Ihre Fähigkeit zum Umgang mit Konflikten verbessern und zu einer unterstützenden und ansprechenden Arbeitsplatzkultur beitragen.

KAPITEL 7

UMGANG MIT AGGRESSIVEN PERSONEN

ANZEICHEN VON AGGRESSION ERKENNEN

Das Erkennen von Anzeichen von Aggression ist unerlässlich, um angespannte Situationen effektiv zu bewältigen und zu deeskalieren. Aggression kann sich in verschiedenen Formen manifestieren, von verbalen Ausbrüchen bis hin zu körperlichen Handlungen, und wenn Sie diese Anzeichen verstehen, können Sie angemessen reagieren, bevor die Situation weiter eskaliert. Das frühzeitige Erkennen von Aggressionen trägt dazu bei, ein Umfeld zu schaffen, in dem Konflikte konstruktiv und sicher bewältigt werden können.

Aggression beginnt oft mit subtilen Hinweisen, die leicht übersehen werden können, wenn man nicht genau aufpasst. Zu diesen Frühindikatoren kann eine Veränderung der Körpersprache, des Tonfalls oder der Mimik gehören. Wenn jemand zum Beispiel anfängt, sich unruhig zu fühlen, kann sich seine Haltung von entspannt zu starr ändern, oder er kann anfangen, die Fäuste zu ballen. Solche körperlichen Anzeichen gehen oft mit einer merklichen Veränderung des Tonfalls einher, der schärfer oder feindseliger werden kann. Wenn du diese frühen Anzeichen erkennst, kannst du eingreifen, bevor die Wut der Person zu offenkundigeren Aggressionen eskaliert.

Eines der deutlichsten Anzeichen für eine drohende Aggression ist eine Veränderung des Kommunikationsstils. Eine Person, die anfängt, sich aggressiv zu fühlen, kann anfangen, mit erhobener Stimme zu sprechen oder einen konfrontativeren Ton zu verwenden. Ihre Sprache kann aggressiver werden, mit Aussagen, die anklagend oder fordernd sind. Darüber hinaus können sie sich in sich wiederholende Auseinandersetzungen verwickeln oder kleinere Probleme zu großen Konflikten eskalieren lassen.

Diese Veränderung des Kommunikationsstils deutet oft darauf hin, dass die Frustration der Person wächst und dass ein sofortiges Eingreifen erforderlich sein kann, um eine weitere Eskalation zu verhindern.

Die Mimik ist ein weiterer wichtiger Indikator für Aggression. Wenn jemand aggressiv wird, kann sein Gesichtsausdruck angespannt oder verzerrt werden. Sie können die Stirn runzeln, die Augen zusammenkneifen oder einen zusammengebissenen Kiefer zeigen. Diese Ausdrücke gehen oft mit anderen körperlichen Anzeichen von Aggression einher, wie z. B. einer erhöhten Muskelspannung oder einer starren Haltung. Indem Sie auf diese Veränderungen achten, können Sie das Ausmaß der Aggression einschätzen und entsprechend reagieren.

Neben verbalen und nonverbalen Hinweisen können auch Verhaltensänderungen eine zunehmende Aggression signalisieren. Eine Person, die aggressiv wird, kann unberechenbares oder unvorhersehbares Verhalten zeigen. Sie können ungewöhnlich ruhig werden, was ein Zeichen von unterdrückter Wut oder Frustration sein kann, oder sie können unruhige Verhaltensweisen wie Hin- und Hergehen oder Zappeln zeigen. Solche Verhaltensänderungen spiegeln oft innere Unruhe wider und können ein Vorläufer für offenere Aggressionen sein.

Ein weiterer wichtiger Aspekt, den es zu berücksichtigen gilt, ist der Kontext, in dem Aggression stattfindet. Das Verständnis der Situation und des Umfelds kann wertvolle Erkenntnisse über die Wahrscheinlichkeit von Aggressionen liefern. Zum Beispiel können Umgebungen mit hohem Stress oder Situationen, in denen sich Menschen nicht unterstützt oder unterschätzt fühlen, zu erhöhter Aggression beitragen. Indem Sie diese Kontextfaktoren erkennen, können Sie potenzielle Aggressionen besser antizipieren und proaktive Schritte unternehmen, um die zugrunde liegenden Probleme anzugehen.

Es ist auch wichtig, das Grundverhalten des Einzelnen zu berücksichtigen, wenn es darum geht, Anzeichen von Aggression zu erkennen. Jeder hat sein eigenes Grundmaß an Verhalten, und Abweichungen von diesem Grundniveau können signifikante Indikatoren für zunehmende Aggression sein. Wenn zum Beispiel eine normalerweise ruhige und gelassene Person plötzlich gereizter oder konfrontativer wird, kann dies darauf hindeuten, dass sie ein erhöhtes Maß an Frustration oder Wut erlebt. Wenn Sie mit dem üblichen Verhalten einer Person vertraut sind, können Sie Veränderungen, die auf Aggression hinweisen können, genauer erkennen.

Ein effektives Eingreifen, sobald eine Aggression erkannt wird, erfordert eine Kombination aus aktivem Zuhören, Empathie und Deeskalationstechniken. Wenn Sie sich der Situation mit einem ruhigen und nicht bedrohlichen Auftreten nähern, kann dies dazu beitragen, die Auswirkungen der Aggression zu mildern und ein günstigeres Umfeld für die Lösung zu schaffen. Aktives Zuhören zeigt, dass Sie die Sorgen der Person ernst nehmen, und hilft, ihre Gefühle zu bestätigen. Wenn jemand zum Beispiel seine Frustration über ein arbeitsbezogenes Problem zum Ausdruck bringt, kann es helfen, seine Bedenken anzuerkennen und Verständnis auszudrücken, um seinen Ärger zu entschärfen.

Empathie spielt eine Schlüsselrolle bei der Bewältigung von Aggressionen. Indem du Empathie zum Ausdruck bringst, zeigst du, dass du auf die Emotionen der Person eingestimmt bist und dich dafür einsetzt, auf ihre Sorgen einzugehen. Dies kann helfen, eine Beziehung aufzubauen und die Intensität der Aggression zu reduzieren. Wenn sich zum Beispiel jemand über eine empfundene Ungerechtigkeit aufregt, kann das Anerkennen seiner Gefühle und das Anbieten von Unterstützung helfen, seine Frustration zu lindern und den Weg für einen konstruktiven Dialog zu ebnen.

In Fällen, in denen die Aggression über verbale Äußerungen hinaus eskaliert, ist es wichtig, der Sicherheit Vorrang einzuräumen und bei Bedarf zusätzliche Unterstützung zu suchen. Körperliche Aggressionen, wie Drohungen oder Gewalttaten, erfordern ein sofortiges Eingreifen und können die Einbeziehung von Sicherheitspersonal oder anderen Behörden beinhalten. Die Gewährleistung der Sicherheit aller Beteiligten ist von größter Bedeutung, und das Ergreifen geeigneter Maßnahmen zur Bekämpfung körperlicher Angriffe ist entscheidend für die Aufrechterhaltung einer sicheren Umgebung.

Zusammenfassend lässt sich sagen, dass das Erkennen von Anzeichen von Aggression bedeutet, genau auf Veränderungen der Körpersprache, des Tonfalls, der Mimik und des Verhaltens zu achten. Das Erkennen dieser Frühindikatoren ermöglicht ein rechtzeitiges Eingreifen und hilft, eine weitere Eskalation zu verhindern. Das Verständnis des Kontexts und des individuellen Ausgangsverhaltens bietet zusätzliche Einblicke in die Wahrscheinlichkeit von Aggressionen. Ein effektives Management von Aggressionen erfordert aktives Zuhören, Empathie und Deeskalationstechniken, während gleichzeitig die Sicherheit gewährleistet und bei Bedarf Unterstützung gesucht wird. Indem Sie wachsam sind und auf die Anzeichen von Aggression reagieren, können Sie ein positiveres und sichereres Umfeld für alle Beteiligten schaffen.

SICHERHEITSPROTOKOLLE

Bei der Bewältigung angespannter Situationen ist die Gewährleistung der Sicherheit für alle Beteiligten von größter Bedeutung. Die Einrichtung und Befolgung wirksamer Sicherheitsprotokolle ist entscheidend, um potenziell volatile Wechselwirkungen zu bewältigen und gleichzeitig das Risiko zu minimieren. Diese Protokolle tragen dazu bei, eine sichere Umgebung zu schaffen, in der Konflikte angegangen werden können, ohne in schädliche Szenarien zu eskalieren.

Ein grundlegender Aspekt von Sicherheitsprotokollen ist das Bewusstsein für die Umgebung und den Kontext, in dem Interaktionen stattfinden. Das Verständnis der Umgebung hilft bei der Identifizierung potenzieller Risiken und der Vorbereitung geeigneter Reaktionen. In einer stressigen oder volatilen Umgebung kann beispielsweise die Wahrscheinlichkeit eines aggressiven Verhaltens höher sein. Wenn Sie die Umgebung im Blick haben, können Sie das Eskalationspotenzial einschätzen und vorbeugende Maßnahmen ergreifen. Dies kann eine Anpassung der Einstellung beinhalten, um Stressoren zu reduzieren oder potenziell gefährliche Objekte aus der Umgebung zu entfernen.

Im Umgang mit wütenden Personen ist die Einhaltung eines sicheren physischen Abstands ein wichtiger Aspekt. Nähe kann die Dynamik einer Interaktion erheblich beeinflussen, insbesondere wenn die Person bereits aufgeregt ist. Indem Sie einen Sicherheitsabstand einhalten, minimieren Sie das Risiko einer körperlichen Konfrontation und schaffen einen Puffer, der eine kontrolliertere Interaktion ermöglicht. Der angemessene Abstand kann je nach Situation und Aggressionsniveau des Einzelnen variieren, sollte aber im Allgemeinen ausreichen, um Körperkontakt zu vermeiden und dennoch eine effektive Kommunikation zu ermöglichen.

Kommunikationsstrategien spielen eine entscheidende Rolle bei Sicherheitsprotokollen. Ein ruhiger, nicht bedrohlicher Ton und die Vermeidung einer aggressiven oder konfrontativen Sprache tragen zur Deeskalation der Spannungen bei. Die verbale Kommunikation sollte klar, prägnant und nicht wertend sein. Aussagen so zu formulieren, dass sie Empathie und Verständnis widerspiegeln und nicht Schuldzuweisungen oder Kritik, kann zu einem positiveren Miteinander beitragen. Anstatt zum Beispiel zu sagen: "Du bist unvernünftig", könntest du sagen: "Ich verstehe, dass du verärgert bist. Mal sehen, wie wir auf Ihre Bedenken eingehen können."

Ein weiteres wichtiges Element von Sicherheitsprotokollen ist die Verwendung von nonverbaler Kommunikation, um ein Gefühl der Ruhe und Kontrolle zu vermitteln. Deine Körpersprache sollte offen und nicht bedrohlich sein und Gesten vermeiden, die als aggressiv oder abweisend empfunden werden könnten. Eine entspannte Haltung, angemessener Blickkontakt und ruhige und bewusste Handbewegungen können dazu beitragen, eine friedlichere Atmosphäre zu schaffen. Diese nonverbalen Signale tragen zu einem Gefühl der Sicherheit bei und können helfen, die Intensität der Interaktion zu reduzieren.

In Situationen, in denen die Gefahr einer physischen Eskalation besteht, ist es wichtig, einen Plan für die Notfallreaktion zu haben. Dieser Plan sollte die Schritte beschreiben, die zu ergreifen sind, wenn die Situation physisch gefährlich wird, einschließlich der Frage, wie man Hilfe sucht und wie die Sicherheit aller Beteiligten gewährleistet werden kann. Notfallpläne können die Kontaktaufnahme mit dem Sicherheitspersonal, die Verwendung von Alarmen oder anderen Sicherheitssystemen und ein klares Protokoll für die Evakuierung des Bereichs bei Bedarf umfassen. Es ist wichtig, dass alle Beteiligten diese Protokolle kennen und wissen, wie sie bei Bedarf aktiviert werden können.

Schulung und Vorbereitung sind ein wesentlicher Bestandteil wirksamer Sicherheitsprotokolle. Regelmäßige Schulungen für Personen, die am Konfliktmanagement beteiligt sind, stellen sicher, dass sie mit den Sicherheitsverfahren vertraut sind und effektiv auf verschiedene Situationen reagieren können. In diesem Training sollten Techniken zur Deeskalation, zum Erkennen von Anzeichen von Aggression und zur Umsetzung von Sicherheitsmaßnahmen behandelt werden. Das Üben dieser Fähigkeiten in simulierten Szenarien hilft dem Einzelnen, in realen Situationen selbstbewusster und effektiver zu reagieren.

Darüber hinaus hilft die regelmäßige Dokumentation von Vorfällen und die regelmäßige Überprüfung von Sicherheitsprotokollen, verbesserungswürdige Bereiche zu identifizieren und sicherzustellen, dass die Verfahren wirksam bleiben. Nachdem eine angespannte Situation gelöst wurde, kann die Durchführung einer Nachbesprechung, um zu analysieren, was passiert ist und wie die Sicherheitsprotokolle angewendet wurden, wertvolle Erkenntnisse liefern. Dieser Überprüfungsprozess trägt dazu bei, die Verfahren zu verfeinern und Lücken im Reaktionsplan zu schließen, was zu einem robusteren und effektiveren Sicherheitsprotokoll beiträgt.

In Situationen, an denen mehrere Parteien beteiligt sind, ist es entscheidend, die Bemühungen zu koordinieren und eine klare Kommunikation zwischen den Teammitgliedern zu gewährleisten. Die Festlegung von Rollen und Verantwortlichkeiten für jede Person, die an der Bewältigung der Situation beteiligt ist, trägt dazu bei, eine kohärente und effektive Reaktion zu gewährleisten. Klare Kommunikationskanäle und regelmäßige Updates über den Stand der Situation ermöglichen es allen Beteiligten, informiert zu bleiben und ihre Maßnahmen bei Bedarf anzupassen.

Darüber hinaus unterstützt die Förderung einer Kultur der Sicherheit und des Respekts innerhalb einer Organisation oder Gruppe ein effektives Konfliktmanagement und verringert die Wahrscheinlichkeit von Aggressionen. Die Förderung einer offenen Kommunikation, die Förderung des gegenseitigen Respekts und die Behebung potenzieller Probleme, bevor sie eskalieren, tragen zu einem sichereren Umfeld bei. Wenn sich der Einzelne wertgeschätzt und gehört fühlt, ist es weniger wahrscheinlich, dass er sich aufregt, und es ist weniger wahrscheinlich, dass Konflikte eskalieren.

Zur Umsetzung von Sicherheitsprotokollen gehört auch, auf eine Reihe von Szenarien vorbereitet zu sein, von verbalen Streitigkeiten bis hin zu möglichen körperlichen

Auseinandersetzungen. Flexibilität und Anpassungsfähigkeit in Ihrer Herangehensweise sind unerlässlich, da jede Situation einzigartige Herausforderungen mit sich bringen kann. Wenn Sie darauf vorbereitet sind, Ihre Strategie an die sich entwickelnde Dynamik der Interaktion anzupassen, können Sie eine sichere und kontrollierte Umgebung aufrechterhalten.

Zusammenfassend lässt sich sagen, dass effektive Sicherheitsprotokolle entscheidend sind, um angespannte Situationen zu bewältigen und zu deeskalieren. Indem Sie sich der Umgebung bewusst sind, einen sicheren physischen Abstand einhalten, eine ruhige und nicht bedrohliche Kommunikation verwenden und einen klaren Notfallplan haben, können Sie eine sichere Umgebung für die Bewältigung von Konflikten schaffen. Regelmäßige Schulungen, Dokumentationen und die Überprüfung von Protokollen erhöhen die Sicherheit und Bereitschaft weiter. Die Förderung einer Kultur des Respekts und der offenen Kommunikation trägt zu einem sichereren Umfeld bei und verringert die Wahrscheinlichkeit von Aggressionen. Durch sorgfältige Planung und die Einhaltung von Sicherheitsprotokollen können Sie herausfordernde Situationen meistern und gleichzeitig das Wohlergehen aller Beteiligten in den Vordergrund stellen.

GRENZEN SETZEN

Grenzen zu setzen ist eine grundlegende Fähigkeit, um angespannte Situationen zu bewältigen und zu deeskalieren, insbesondere im Umgang mit Wut und Konflikten. Das Festlegen klarer und respektvoller Grenzen trägt nicht nur zur Wahrung der persönlichen Sicherheit bei, sondern fördert auch ein Umfeld, in dem die Kommunikation konstruktiver erfolgen kann. Durch die Definition, was akzeptabel ist und was nicht, können Einzelpersonen Konflikte effektiver bewältigen und das Risiko einer Eskalation minimieren.

Im Kern geht es beim Setzen von Grenzen darum, seine Grenzen auf eine Art und Weise zu artikulieren, die sowohl fest als auch respektvoll ist. Es erfordert eine Balance zwischen der Durchsetzung der eigenen Bedürfnisse und der Anerkennung der Gefühle der anderen Person. Effektives Grenzsetzen beginnt mit einem klaren Verständnis der eigenen Grenzen und der Fähigkeit, diese so zu kommunizieren, dass der gegenseitige Respekt gefördert wird. Dazu gehört, seine persönlichen und emotionalen Grenzen zu erkennen und bereit zu sein, diese bei Bedarf auszudrücken.

Ein entscheidender Aspekt beim Setzen von Grenzen ist die Aufrechterhaltung von Klarheit in Ihrer Kommunikation. Wenn du Grenzen ansprichst, ist es wichtig, spezifisch und direkt zu sagen, welche Verhaltensweisen inakzeptabel sind und was du stattdessen erwartest. Wenn zum Beispiel jemand respektlos mit dir spricht, könnte eine klare Grenze sein: "Ich bin bereit, dieses Thema zu besprechen, aber ich möchte, dass wir respektvoll miteinander sprechen." Indem Sie das Verhalten spezifizieren, das sich ändern muss, und eine Alternative anbieten, bieten Sie einen klaren Rahmen für die Interaktion.

Grenzen zu setzen bedeutet auch, die eigenen emotionalen Reaktionen zu verstehen und zu managen. Es ist wichtig, ruhig und gelassen zu bleiben, wenn Sie Ihre Grenzen kommunizieren, auch wenn die Situation angespannt ist. Emotionale Reaktivität kann die Wirksamkeit Ihrer Botschaft untergraben und den Konflikt möglicherweise eskalieren lassen. Das Üben von Selbstregulierungstechniken wie tiefes Atmen oder Achtsamkeit kann Ihnen helfen, ein ruhiges Auftreten zu bewahren und die Situation mit einer besonnenen Perspektive anzugehen.

Neben der verbalen Kommunikation spielen nonverbale Hinweise eine wichtige Rolle beim Setzen und Durchsetzen von Grenzen. Ihre Körpersprache, Ihr Gesichtsausdruck und Ihr Tonfall sollten ein Gefühl von Durchsetzungsvermögen ohne Aggressionen vermitteln. Wenn Sie zum Beispiel eine offene Haltung einnehmen und ständigen Blickkontakt herstellen, können Sie Ihre Botschaft verstärken und gleichzeitig Selbstvertrauen demonstrieren. Umgekehrt kann eine aggressive Körpersprache oder ein harscher Ton als konfrontativ empfunden werden und die Situation eskalieren lassen.

Es ist wichtig zu erkennen, dass das Setzen von Grenzen nicht bedeutet, die Kommunikation zu unterbinden oder die Gefühle der anderen Person abzulehnen. Vielmehr geht es darum, einen Rahmen für einen respektvollen Umgang zu schaffen. Beim Setzen von Grenzen ist es hilfreich, Möglichkeiten zum konstruktiven Dialog und zur Problemlösung anzubieten. Nachdem Sie beispielsweise eine Grenze festgelegt haben, können Sie eine Einladung dazu aussprechen, die zugrunde liegenden Probleme zu besprechen oder gemeinsam an einer Lösung zu arbeiten. Dieser Ansatz zeigt die Bereitschaft, das Problem anzugehen und gleichzeitig die eigenen Grenzen zu respektieren.

Das Durchsetzen von Grenzen ist ein integraler Bestandteil des Prozesses und erfordert Konsistenz und Durchhaltevermögen. Sobald Sie Ihre Grenzen kommuniziert haben, ist es wichtig, diese einzuhalten und Verstöße umgehend zu beheben. Wenn jemand weiterhin ein Verhalten an den Tag legt, das Ihre Grenzen überschreitet, kann es notwendig sein, Ihre Grenzen zu wiederholen und zusätzliche Schritte zu unternehmen, um sie durchzusetzen. Dies kann bedeuten, dass Sie bei wiederholten Verstößen Konsequenzen festlegen oder sich an Dritte wenden, wenn die Situation nicht mehr zu bewältigen ist.

Beim Setzen von Grenzen ist es auch wichtig, die kulturellen und kontextuellen Faktoren zu berücksichtigen, die beeinflussen können, wie Grenzen wahrgenommen und respektiert werden. Unterschiedliche Kulturen und Individuen können unterschiedliche Erwartungen und Normen in Bezug auf persönlichen Raum,

Kommunikationsstile und Konfliktlösung haben. Sich dieser Unterschiede bewusst zu sein und mit kultureller Sensibilität Grenzen zu setzen, kann helfen, potenzielle Missverständnisse zu überwinden und einen respektvolleren und effektiveren Umgang zu fördern.

In bestimmten Situationen, insbesondere wenn es sich um anhaltende oder wiederkehrende Konflikte handelt, kann es notwendig sein, Ihre Grenzen zu überdenken und anzupassen. Dies erfordert kontinuierliche Selbsterkenntnis und Reflexion, um sicherzustellen, dass Ihre Grenzen relevant und effektiv bleiben, um der sich entwickelnden Dynamik der Situation gerecht zu werden. Wenn Sie Ihre Grenzen regelmäßig neu bewerten, können Sie sich an veränderte Umstände anpassen und einen konstruktiven Ansatz im Konfliktmanagement beibehalten.

Das Setzen von Grenzen kann auch ein kollaborativer Prozess sein, insbesondere im beruflichen oder Teamumfeld. In diesen Kontexten ist es oft hilfreich, mit Kollegen oder Teammitgliedern zu diskutieren, um gemeinsame Erwartungen und Richtlinien für den Umgang zu etablieren. Das gemeinsame Setzen von Grenzen trägt dazu bei, ein gegenseitiges Verständnis für akzeptables Verhalten zu schaffen und fördert ein positives und respektvolles Arbeitsumfeld.

Zusammenfassend lässt sich sagen, dass das Setzen von Grenzen eine entscheidende Fähigkeit ist, um angespannte Situationen zu bewältigen und zu deeskalieren. Effektive Grenzziehung erfordert eine klare und respektvolle Kommunikation, emotionale Selbstregulierung und konsequente Durchsetzung. Indem der Einzelne Klarheit bewahrt, Möglichkeiten für einen konstruktiven Dialog bietet und kulturelle und kontextuelle Faktoren berücksichtigt, kann er Konflikte effektiver bewältigen und ein sicheres und respektvolles Umfeld schaffen. Regelmäßige Neubewertungen und Zusammenarbeit verbessern die Wirksamkeit des Grenzsetzens weiter und tragen zu positiveren und konstruktiveren Interaktionen bei. Durch durchdachtes und durchsetzungsfähiges Setzen von Grenzen können Einzelpersonen Konflikte ansprechen und mit Wut auf eine Weise umgehen, die Respekt und Lösung fördert.

KAPITEL 8

KINDERN HELFEN, MIT WUT UMZUGEHEN

ALTERSGERECHTE TECHNIKEN

Wenn es darum geht, mit Wut umzugehen und angespannte Situationen zu deeskalieren, ist die Anwendung altersgerechter Techniken unerlässlich, um effektiv auf die Bedürfnisse von Menschen in verschiedenen Lebensphasen einzugehen. Jede Altersgruppe hat einzigartige emotionale und kognitive Fähigkeiten, die beeinflussen, wie sie Wut erleben und ausdrücken, und wenn Sie Ihre Herangehensweise an diese Unterschiede anpassen, können Sie Ihre Fähigkeit, Konflikte zu beruhigen und zu lösen, erheblich verbessern. Das Verständnis und die Anwendung altersgerechter Techniken trägt dazu bei, dass die Interventionen effektiv, respektvoll und einfühlsam sind.

Bei kleinen Kindern befindet sich die emotionale Regulation noch in der Entwicklung, und ihre Reaktionen auf Wut können sofort und intensiv sein. In diesen Situationen ist es wichtig, Techniken anzuwenden, die einfach, klar und in ihrem Verständnisniveau begründet sind. Ein wirksamer Ansatz besteht darin, beruhigende Aktivitäten zu verwenden, die ihre Sinne ansprechen und ihren Fokus umlenken. Zum Beispiel können tiefe Atemübungen für kleine Kinder angepasst werden, indem visuelle Hilfsmittel verwendet werden, wie z. B. das Blasen von Seifenblasen oder die Vorstellung, einen Luftballon aufzublasen. Diese Aktivitäten helfen, ihre physiologische Reaktion auf Wut zu beruhigen und können eine greifbare Möglichkeit für sie sein, zu lernen, wie sie mit ihren Emotionen umgehen können.

Neben beruhigenden Aktivitäten ist es für kleine Kinder von entscheidender Bedeutung, ihnen Sicherheit und Bestätigung zu bieten. Sie verstehen vielleicht nicht ganz die Gründe für ihre Wut oder wie sie sie angemessen ausdrücken können, daher kann es beruhigend sein, ihnen einen sicheren

Raum zu bieten, in dem sie ihre Gefühle ausdrücken können, und ihnen zu versichern, dass ihre Emotionen berechtigt sind. Dies kann durch eine einfache, einfühlsame Sprache erreicht werden, wie zum Beispiel: "Ich kann sehen, dass du verärgert bist. Es ist in Ordnung, wütend zu sein, aber lasst uns gemeinsam einen Weg finden, uns zu beruhigen." Dieser Ansatz hilft ihnen, sich verstanden und unterstützt zu fühlen, was ihre Wut mildern und ihr emotionales Wachstum fördern kann.

Wenn Kinder älter werden und in ihre vorpubertären Jahre eintreten, beginnen sie, ausgefeiltere kognitive und emotionale Fähigkeiten zu entwickeln. In dieser Phase können die Techniken komplexer werden und Elemente der Problemlösung und Selbstreflexion enthalten. Es kann von Vorteil sein, ältere Kinder zu ermutigen, ihre Gefühle zu artikulieren und die zugrunde liegenden Ursachen ihrer Wut zu erforschen. Techniken wie die Verwendung eines Gefühlstagebuchs oder strukturierte Gespräche über ihre Emotionen können ihnen helfen, Einblicke in ihr Verhalten zu gewinnen und effektive Bewältigungsstrategien zu erlernen.

Für Jugendliche bedeutet der Umgang mit Wut oft, eine Reihe von sozialen und emotionalen Herausforderungen zu bewältigen, darunter Gruppenzwang, Identitätsbildung und erhöhte Unabhängigkeit. In dieser Phase ist die Förderung einer offenen Kommunikation und des gegenseitigen Respekts unerlässlich. Techniken, die aktives Zuhören und die Validierung ihrer Erfahrungen betonen, können besonders effektiv sein. Jugendliche in Gespräche über ihre Gefühle einzubinden und sie in die Suche nach Lösungen für ihre Konflikte einzubeziehen, fördert die Selbstwirksamkeit und befähigt sie, Verantwortung für ihre emotionalen Reaktionen zu übernehmen.

Neben kommunikationsbasierten Techniken ist es wichtig, den Jugendlichen Werkzeuge zur Selbstregulation an die Hand zu geben. Techniken wie Achtsamkeitsübungen, Stressbewältigungsstrategien und Entspannungstechniken können eingeführt werden, um ihnen zu helfen, ihre Wut auf konstruktive Weise zu bewältigen. Wenn Sie sie ermutigen, diese Techniken regelmäßig zu üben, können Sie Ihre Widerstandsfähigkeit stärken und ihre Fähigkeit verbessern, mit Stresssituationen umzugehen.

Bei Erwachsenen beinhalten Techniken zur Wutbewältigung oft eine Kombination aus kognitiven, emotionalen und Verhaltensstrategien. Erwachsene haben in der Regel eine größere Fähigkeit zur Selbstreflexion und kognitiven Verarbeitung, was es ermöglicht, Techniken einzusetzen, die sich mit den zugrunde liegenden Denkmustern und Überzeugungen befassen, die zu ihrer Wut beitragen. Kognitive Verhaltensstrategien, wie das Erkennen und Hinterfragen verzerrter Denkmuster und das Üben kognitiver Umstrukturierungen, können Erwachsenen helfen, ihre Wahrnehmungen und Reaktionen auf Wut neu zu gestalten.

Zusätzlich zu kognitiven Strategien können Verhaltenstechniken für Erwachsene nützlich sein, um ihre Wut zu bewältigen. Dazu kann die Umsetzung von Stressabbaupraktiken gehören, wie z. B. regelmäßige körperliche Bewegung, Hobbys und Zeit für Entspannung und Selbstfürsorge. Die Entwicklung eines proaktiven Ansatzes zur Bewältigung von Stressfaktoren und zur Aufrechterhaltung eines gesunden Lebensstils kann zum allgemeinen emotionalen Wohlbefinden beitragen und die Häufigkeit und Intensität von Wut verringern.

Bei älteren Erwachsenen kann sich der Schwerpunkt der Wutbewältigungstechniken auf altersbedingte Veränderungen und Lebensübergänge verlagern. Techniken, die die Aufrechterhaltung sozialer Verbindungen, die Teilnahme an sinnvollen Aktivitäten und den Umgang mit Gefühlen des Verlusts oder der Veränderung betonen, können von Vorteil sein. Älteren Erwachsenen Möglichkeiten für soziales Engagement zu bieten und ein Gefühl der Sinnhaftigkeit zu fördern, kann dazu beitragen, Gefühle von

Frustration und Wut im Zusammenhang mit dem Altern und Lebensübergängen zu mildern.

Über alle Altersgruppen hinweg ist es wichtig, die individuellen Unterschiede und persönlichen Erfahrungen zu erkennen, die das Erleben und den Umgang mit Wut prägen. Die Anpassung von Techniken an die spezifischen Bedürfnisse und Vorlieben des Einzelnen unter Berücksichtigung seines Entwicklungsstadiums kann die Wirksamkeit von Interventionen verbessern. Darüber hinaus trägt die Förderung eines unterstützenden und einfühlsamen Umfelds über alle Altersgruppen hinweg dazu bei, Vertrauen aufzubauen und fördert eine offene Kommunikation über Emotionen.

Zusammenfassend lässt sich sagen, dass der Einsatz altersgerechter Techniken zur Wutbewältigung das Verständnis der einzigartigen emotionalen und kognitiven Fähigkeiten von Menschen in verschiedenen Lebensphasen erfordert. Für kleine Kinder sind Techniken, die einfach, sensorisch und beruhigend sind, wirksam. Wenn Kinder älter werden, wird es immer angemessener, Problemlösungs- und Selbstreflexionstechniken einzubeziehen. Jugendliche profitieren von offener Kommunikation, Selbstregulierungsinstrumenten und aktiver Beteiligung an der Lösung von Konflikten. Erwachsene können kognitive Verhaltens- und Verhaltensstrategien anwenden, während sich ältere Erwachsene auf soziales Engagement und die Bewältigung von Lebensübergängen konzentrieren können. Indem Sie die Techniken auf den Entwicklungsstand und die persönlichen Bedürfnisse des Einzelnen zuschneiden, können Sie Wut effektiv angehen und das emotionale Wohlbefinden über die gesamte Lebensspanne hinweg fördern.

EMOTIONALE INTELLIGENZ LEHREN

Das Unterrichten von emotionaler Intelligenz ist ein transformativer Ansatz zur Verbesserung zwischenmenschlicher Interaktionen und zur effektiven

Bewältigung von Konflikten. Emotionale Intelligenz (EI) bezieht sich auf die Fähigkeit, die eigenen Emotionen sowie die Emotionen anderer zu erkennen, zu verstehen und zu bewältigen. Die Kultivierung dieser Fähigkeiten kann die Fähigkeit, mit Wut umzugehen und angespannte Situationen zu deeskalieren, erheblich verbessern, was letztendlich zu gesünderen Beziehungen und einem harmonischeren Umfeld führt.

Die Grundlage der emotionalen Intelligenz liegt in der Selbstwahrnehmung. Dabei geht es darum, die eigenen Emotionen zu erkennen und zu verstehen, einschließlich ihrer Auslöser und Auswirkungen auf das Verhalten. Die Entwicklung des Selbstbewusstseins beginnt mit Introspektion und Achtsamkeitsübungen. Indem der Einzelne genau auf seine emotionalen Reaktionen achtet und über deren Herkunft nachdenkt, kann er einen Einblick gewinnen, wie seine Gefühle seine Handlungen und Reaktionen beeinflussen. Zum Beispiel kann jemand, der wütend wird, wenn er sich ungehört fühlt, dieses Muster erkennen und daran arbeiten, seine Kommunikationsstrategien zu verbessern, um eine Eskalation zu verhindern.

Parallel zur Selbstwahrnehmung umfasst die emotionale Intelligenz die Selbstregulation, bei der es darum geht, die eigenen Emotionen auf konstruktive Weise zu steuern und zu kontrollieren. Selbstregulierung ist entscheidend für den Umgang mit Wut, da sie es dem Einzelnen ermöglicht, innezuhalten und nachzudenken, bevor er reagiert. Techniken wie tiefes Atmen, progressive Muskelentspannung und kognitives Reframing können bei der Bewältigung emotionaler Reaktionen helfen. Durch das Üben dieser Techniken können Einzelpersonen die Fähigkeit entwickeln, auch in Situationen mit hohem Druck ruhig und gelassen zu bleiben. Dies verhindert nicht nur die Eskalation von Wut, sondern modelliert auch angemessene emotionale Reaktionen für andere.

Empathie ist eine weitere Schlüsselkomponente der emotionalen Intelligenz und spielt eine wichtige Rolle bei der Deeskalation von Konflikten. Empathie beinhaltet die Fähigkeit, die Gefühle einer anderen Person zu verstehen und zu teilen. Beim Unterrichten von Empathie werden Einzelpersonen ermutigt, aktiv zuzuhören und die Emotionen anderer zu validieren. Das bedeutet, genau darauf zu achten, was gesagt wird, ohne sofort Lösungen oder Urteile anzubieten. Reflektierendes Zuhören, bei dem eine Person umschreibt oder zusammenfasst, was die andere Person gesagt hat, kann dabei helfen, Verständnis und Anerkennung zu demonstrieren. Wenn zum Beispiel jemand seine Frustration über ein arbeitsbezogenes Problem zum Ausdruck bringt, zeigt die Antwort mit "Es klingt, als wären Sie wirklich gestresst wegen der Projektfrist", Empathie und bestätigt seine Gefühle.

Effektive Kommunikation ist eng mit emotionaler Intelligenz verbunden und unerlässlich, um angespannte Situationen zu deeskalieren. Das Unterrichten von emotionaler Intelligenz beinhaltet das Coaching von Einzelpersonen darin, wie sie ihre Gefühle und Bedürfnisse klar und respektvoll kommunizieren können. Dazu gehört, dass man "Ich"-Aussagen verwendet, um die eigenen Emotionen auszudrücken, ohne Schuldzuweisungen zu machen, wie z. B. "Ich bin frustriert, wenn Fristen nicht eingehalten werden, weil es meine Fähigkeit beeinträchtigt, meine Aufgaben zu erledigen." Eine klare und respektvolle Kommunikation hilft, Missverständnisse zu vermeiden und die Wahrscheinlichkeit einer Eskalation von Konflikten zu verringern. Darüber hinaus stellt das Erlernen von Fähigkeiten des aktiven Zuhörens – wie z. B. Augenkontakt halten, Nicken und verbale Affirmationen – sicher, dass sich die andere Person gehört und geschätzt fühlt.

Ein weiterer Aspekt der emotionalen Intelligenz sind soziale Fähigkeiten, bei denen es darum geht, Beziehungen zu managen und eine Beziehung zu anderen aufzubauen. Zu den sozialen Fähigkeiten gehören Konfliktlösung, Verhandlungsführung und die Fähigkeit, zusammenzuarbeiten. Die Vermittlung dieser Fähigkeiten beinhaltet die Vermittlung von Strategien für den Umgang mit sozialen Interaktionen und die effektive Beilegung von Streitigkeiten. Techniken wie das Finden einer gemeinsamen Basis, die Suche nach Win-Win-Lösungen und der Einsatz positiver Verstärkung können dazu beitragen, kooperative Beziehungen zu fördern. In einem Team kann beispielsweise die Ermutigung der Mitglieder, ihre Bedenken zu äußern und gemeinsam nach für beide Seiten vorteilhaften Lösungen zu suchen, verhindern, dass Konflikte eskalieren.

Die Einbeziehung emotionaler Intelligenz in die täglichen Praktiken und Interaktionen stärkt diese Fähigkeiten und macht sie zu einem natürlichen Bestandteil des eigenen Verhaltens. Rollenspiele und Szenarien aus dem wirklichen Leben können effektiv sein, um die Fähigkeiten der emotionalen Intelligenz in einer kontrollierten Umgebung zu üben. Zum Beispiel können Einzelpersonen an Rollenspielen teilnehmen, um den Umgang mit ihren Emotionen während eines simulierten Konflikts zu üben, und erhalten Feedback und Anleitungen, wie sie mit ähnlichen Situationen im wirklichen Leben umgehen können. Dieses erfahrungsbasierte Lernen hilft dem Einzelnen, seine Fähigkeiten zur emotionalen Intelligenz zu verinnerlichen und in realen Kontexten anzuwenden.

Darüber hinaus erfordert das Unterrichten emotionaler Intelligenz die Schaffung eines unterstützenden und nicht wertenden Umfelds, in dem sich der Einzelne sicher fühlt, seine Emotionen zu erforschen und auszudrücken. Der offene Dialog und konstruktives Feedback fördern eine Atmosphäre des Vertrauens und des gegenseitigen Respekts. Es ist auch wichtig, Verhaltensweisen der emotionalen Intelligenz zu modellieren, da Einzelpersonen oft durch Beobachtung anderer lernen. Selbstwahrnehmung, Empathie und effektive Kommunikation in den eigenen Interaktionen zu demonstrieren, ist ein positives Beispiel und unterstreicht die Bedeutung dieser Fähigkeiten.

Die Integration emotionaler Intelligenz in verschiedene Aspekte des Lebens, einschließlich persönlicher Beziehungen, beruflicher Umgebungen und Bildungsumgebungen, kann zu sinnvolleren und produktiveren Interaktionen führen. In persönlichen Beziehungen hilft emotionale Intelligenz dem Einzelnen, Konflikte zu bewältigen, stärkere Verbindungen aufzubauen und die allgemeine Beziehungszufriedenheit zu steigern. Im beruflichen Umfeld trägt es zu effektiver Teamarbeit, Führung und Harmonie am Arbeitsplatz bei. Im Bildungsumfeld unterstützt emotionale Intelligenz die Schüler dabei, mit ihren Emotionen umzugehen, sich an positiven Interaktionen mit Gleichaltrigen zu beteiligen und akademischen Erfolg zu erzielen.

Das Unterrichten von emotionaler Intelligenz ist kein einmaliger Prozess, sondern eine fortlaufende Reise des Wachstums und der Entwicklung. Es beinhaltet kontinuierliches Üben, Reflektieren und Verfeinern von Fähigkeiten. Die Ermutigung des Einzelnen, seine emotionalen Reaktionen regelmäßig zu bewerten, Feedback einzuholen und sich an kontinuierlichem Lernen zu beteiligen, trägt dazu bei, die emotionale Intelligenz zu stärken und sich an die sich entwickelnde zwischenmenschliche Dynamik anzupassen.

Das Unterrichten von emotionaler Intelligenz ist ein wirksamer Ansatz, um mit Wut umzugehen und Konflikte zu deeskalieren. Durch die Fokussierung auf Selbstwahrnehmung, Selbstregulation, Empathie, effektive Kommunikation und soziale Fähigkeiten können Einzelpersonen ihre Fähigkeit verbessern, mit herausfordernden Situationen konstruktiv umzugehen. Die Schaffung eines unterstützenden Umfelds, die Modellierung von Verhaltensweisen der emotionalen Intelligenz und die Integration dieser Fähigkeiten in die täglichen Interaktionen tragen weiter zur Entwicklung der emotionalen Intelligenz bei. Durch kontinuierliches Üben und Reflektieren können Individuen emotionale Intelligenz kultivieren und harmonischere und effektivere Beziehungen in allen Bereichen ihres Lebens fördern.

ELTERLICHES ROLLENMODELL

Das elterliche Vorbild spielt eine entscheidende Rolle bei der Gestaltung der emotionalen und verhaltensbezogenen Reaktionen eines Kindes. Die Art und Weise, wie Eltern mit Wut und Stress umgehen, beeinflusst nicht nur ihre eigene emotionale Gesundheit, sondern dient auch als primäres Vorbild für ihre Kinder. Kinder lernen etwas über Emotionen, Konfliktlösung und angemessenes Verhalten vor allem durch die Beobachtung ihrer Eltern. Daher kann die Art und Weise, wie Eltern diese Verhaltensweisen vorleben, tiefgreifende Auswirkungen auf die Fähigkeit eines Kindes haben, mit seinen eigenen Emotionen umzugehen und mit angespannten Situationen umzugehen.

Wenn Eltern in herausfordernden Situationen Ruhe und Gelassenheit zeigen, erteilen sie eine kraftvolle Lektion in emotionaler Regulation. Kinder sind sehr einfühlsam und ahmen oft die emotionalen Reaktionen nach, die sie zu Hause sehen. Wenn ein Elternteil zum Beispiel während einer Meinungsverschiedenheit ruhig bleibt und konstruktiv kommuniziert, wird das Kind wahrscheinlich ähnliche Strategien anwenden, wenn es mit seinen eigenen Konflikten konfrontiert wird. Auf der anderen Seite, wenn ein Elternteil mit Wut, Frustration oder Vermeidung reagiert, können Kinder lernen, in gleicher Weise zu reagieren, weil sie glauben, dass diese Reaktionen akzeptabel oder effektiv sind, um mit schwierigen Emotionen umzugehen.

Der Prozess des Rollenmodellierens geht über bloße Handlungen hinaus; Es geht auch um die zugrundeliegenden Einstellungen und Ansätze, die Eltern beim Umgang mit ihren Emotionen einnehmen. Eltern, die sich Ärger und Konflikten mit einer problemlösenden Denkweise nähern, bringen ihren Kindern bei, dass Probleme konstruktiv angegangen werden können. Dazu gehört, Probleme offen zu diskutieren, gemeinsam nach Lösungen zu suchen und Flexibilität und Kompromisse zu zeigen. Wenn es in einer Familie beispielsweise zu Meinungsverschiedenheiten über die Hausarbeit kommt, modelliert ein Elternteil, der das Problem anspricht, indem er die Perspektive jedes Einzelnen diskutiert und eine für beide Seiten akzeptable Lösung findet, effektive Problemlösungsfähigkeiten und fördert eine gesunde Kommunikation.

Ein weiterer wesentlicher Aspekt der elterlichen Rollenvorstellung ist die Demonstration von Empathie und Verständnis. Eltern, die aktiv auf die Sorgen ihrer Kinder hören und ihre Gefühle bestätigen, sind ein Beispiel für emotionale Sensibilität und Respekt. Wenn Eltern Empathie zeigen, helfen sie Kindern zu verstehen, dass ihre Emotionen berechtigt sind und dass die Emotionen anderer Respekt verdienen. Wenn sich ein Kind zum Beispiel über einen Konflikt mit einem Freund aufregt, lehrt ein Elternteil, der aufmerksam zuhört und die Gefühle des Kindes anerkennt, dem Kind, dass das Ausdrücken und Ansprechen von Emotionen wichtig und geschätzt ist.

Es ist auch wichtig, dass Eltern effektive Bewältigungsstrategien und Selbstfürsorgepraktiken vorleben. Kinder profitieren davon, wenn sie sehen, wie ihre Eltern auf gesunde Weise mit Stress umgehen, z. B. durch Bewegung, Entspannungstechniken oder Hobbys. Diese Verhaltensweisen geben Kindern nicht nur praktische Werkzeuge an die Hand, um ihren eigenen Stress zu bewältigen, sondern verstärken auch die Idee, dass die Fürsorge für sich selbst ein positiver und notwendiger Aspekt der emotionalen Gesundheit ist. Ein Elternteil zum Beispiel, der regelmäßig Achtsamkeit praktiziert oder an körperlichen Aktivitäten teilnimmt, zeigt die Bedeutung von Selbstfürsorge und emotionaler Widerstandsfähigkeit.

Vorbildfunktion erstreckt sich auch auf den Umgang mit Fehlern und Rückschlägen. Eltern, die ihre Fehler offen zugeben, Verantwortung übernehmen und auf Lösungen hinarbeiten, sind eine kraftvolle Lektion in Demut und Verantwortlichkeit. Dieser Ansatz hilft Kindern zu verstehen, dass Fehler ein natürlicher Teil des Lebens sind und dass es wichtiger ist, sie konstruktiv anzugehen, als sie zu vermeiden oder zu verleugnen. Wenn zum Beispiel ein Elternteil versehentlich von einer Arbeitsaufgabe frustriert ist und später offen mit seinem Kind darüber spricht und erklärt, wie es aus der Erfahrung gelernt und Anpassungen vorgenommen hat, lernt das Kind etwas über Resilienz und Problemlösung.

Konsistenz ist der Schlüssel zum Vorbild der Eltern. Kinder profitieren von konsistentem Verhalten und Reaktionen ihrer Eltern, da es ihnen hilft zu verstehen, was erwartet wird und wie sie mit verschiedenen Situationen umgehen sollen. Inkonsistente Reaktionen können zu Verwirrung führen und es Kindern erschweren, stabile emotionale Reaktionen zu entwickeln. Wenn ein Elternteil zum Beispiel an einem Tag ruhig und unterstützend ist, am nächsten aber mit Wut reagiert, kann es sein, dass das Kind Schwierigkeiten hat zu verstehen, wie es mit seinen eigenen Emotionen und Konflikten angemessen umgehen soll. Konsistenz in den emotionalen Reaktionen und in der Kommunikation trägt dazu bei, den vorgelebten Unterricht zu verstärken und unterstützt die Entwicklung der emotionalen Intelligenz bei Kindern.

Darüber hinaus ist es wichtig, dass Eltern sich mit Selbstreflexion beschäftigen und nach persönlichem Wachstum streben. Eltern, die sich ihrer eigenen emotionalen Auslöser bewusst sind und daran arbeiten, diese effektiv zu bewältigen, sind ein positives Beispiel für ihre Kinder. Selbstwahrnehmung und persönliche Entwicklung tragen zu stabileren und konstruktiveren emotionalen Reaktionen bei. Zum Beispiel zeigt ein Elternteil, der erkennt, dass er frustriert ist, wenn er überfordert ist, und aktiv an

Stressbewältigungstechniken arbeitet, eine proaktive emotionale Regulierung. Dies kommt nicht nur den Eltern zugute, sondern dient dem Kind auch als Vorbild für den Umgang mit seinem eigenen Stress und seinen Emotionen.

Auch die Förderung einer offenen Kommunikation innerhalb der Familie spielt eine wichtige Rolle bei der Vorbildfunktion. Die Schaffung eines Umfelds, in dem sich Familienmitglieder wohl fühlen, wenn sie ihre Gefühle ausdrücken und über Probleme sprechen, hilft Kindern, den Wert einer ehrlichen und respektvollen Kommunikation zu lernen. So fördern beispielsweise regelmäßige Familientreffen oder Check-ins, bei denen jeder die Möglichkeit hat, seine Gedanken und Gefühle zu teilen, Transparenz und gegenseitiges Verständnis. Diese Praxis modelliert nicht nur eine effektive Kommunikation, sondern fördert auch eine unterstützende Familiendynamik, in der Emotionen anerkannt und angesprochen werden.

Zusammenfassend lässt sich sagen, dass das elterliche Vorbild ein mächtiges Instrument ist, um die emotionale Entwicklung und das Verhalten eines Kindes zu formen. Durch Ruhe, Einfühlungsvermögen, Problemlösungsfähigkeiten, effektive Bewältigungsstrategien und konsequentes Verhalten geben Eltern ihren Kindern wertvolle Lektionen im Umgang mit Emotionen und im Umgang mit Konflikten. Offene Kommunikation und Selbstreflexion verstärken die Wirkung des Vorbilds weiter und tragen dazu bei, ein unterstützendes und emotional gesundes Umfeld zu fördern. Durch ihre Handlungen und Einstellungen spielen Eltern eine entscheidende Rolle bei der Entwicklung ihrer Kinder zur Entwicklung einer starken emotionalen Intelligenz und effektiver Konfliktlösungsfähigkeiten.

SCHLUSSFOLGERUNG

Das Deeskalieren von angespannten Situationen und der effektive Umgang mit Wut sind entscheidende Fähigkeiten, um die Harmonie zu wahren und produktive Interaktionen in verschiedenen Kontexten zu gewährleisten. Bei dieser Erkundung von Deeskalationstechniken wurden mehrere Schlüsselstrategien hervorgehoben, die jeweils zur Kunst beitragen, eine wütende Person innerhalb eines kurzen Zeitrahmens zu beruhigen. Wenn man diese Strategien noch einmal zusammenfasst, wird ihre kollektive Kraft und die entscheidende Rolle deutlich, die sie bei der Bewältigung von Konflikten und der Förderung eines ruhigeren Umfelds spielen.

Die erste grundlegende Strategie beinhaltet aktives Zuhören, was für die Deeskalation von Wut von größter Bedeutung ist. Indem du der anderen Person deine volle Aufmerksamkeit schenkst, ihre Gefühle anerkennst und über ihre Worte nachdenkst, bestätigst du ihre Emotionen und zeigst Empathie. Dieser Prozess hilft nicht nur, den Einzelnen zu beruhigen, sondern schafft auch eine Atmosphäre des gegenseitigen Respekts und Verständnisses. Aktives Zuhören bedeutet nicht nur, die gesprochenen Worte zu hören, sondern auch die zugrunde liegenden Emotionen und Sorgen zu erfassen. Diese Technik legt den Grundstein für eine effektive Kommunikation und hilft, die Eskalation von Konflikten zu verhindern.

Eine weitere wichtige Strategie ist die Aufrechterhaltung eines ruhigen und gelassenen Auftretens. Der eigene emotionale Zustand kann den Ausgang einer angespannten Situation erheblich beeinflussen. Wenn du ruhig bleibst, lebst du angemessenes Verhalten vor und gibst einen stabilisierenden Einfluss. Techniken wie tiefes Atmen, das Beibehalten eines neutralen Tonfalls und die Verwendung einer nicht bedrohlichen Körpersprache tragen zu diesem Effekt bei. Ihre Fähigkeit, gelassen zu bleiben, kann die

Situation deeskalieren, indem Sie die Gesamtintensität reduzieren und einen konstruktiveren Dialog schaffen.

Das Setzen klarer Grenzen und das Management von Erwartungen sind ebenfalls wichtige Komponenten der Deeskalation. Das Festlegen von Grenzen für akzeptables Verhalten und deren ruhiges und durchsetzungsfähiges Artikulieren hilft, Interaktionen in Richtung Lösung zu lenken. Es ist wichtig, standhaft und dennoch respektvoll zu sein und sicherzustellen, dass die andere Person die Grenzen versteht, ohne sich angegriffen zu fühlen. Dieser Ansatz hilft, die Kontrolle über die Situation zu behalten und die Wahrscheinlichkeit einer weiteren Eskalation zu verringern.

Empathie spielt eine zentrale Rolle bei der Deeskalation von Konflikten. Echtes Verständnis und Mitgefühl für die Emotionen der anderen Person zu zeigen, fördert ein Gefühl der Verbundenheit und hilft, Wut zu zerstreuen. Indem Sie ihre Gefühle anerkennen und bestätigen, schaffen Sie ein Umfeld, in dem sich die Person gehört und verstanden fühlt. Dies wiederum kann zu einer kollaborativeren und weniger konfrontativen Interaktion führen.

Selbstfürsorge ist ein oft übersehener Aspekt, wenn es darum geht, effektiv mit Wut umzugehen und Konflikte zu deeskalieren. Es ist wichtig, dass Sie emotional und körperlich gut ausgeruht, gesund und ausgeglichen sind, um in angespannten Situationen Gelassenheit und Klarheit zu bewahren. Selbstfürsorgepraktiken wie regelmäßige Bewegung, ausreichend Schlaf und Achtsamkeit können Ihre Widerstandsfähigkeit und Ihre Fähigkeit, mit Stress umzugehen, verbessern. Indem Sie sich um Ihr eigenes Wohlbefinden kümmern, sind Sie besser in der Lage, Ihre Emotionen zu bewältigen und konstruktiv auf Konflikte zu reagieren.

Zusammenfassend lässt sich sagen, dass die Fähigkeit, Wut zu deeskalieren und angespannte Situationen effektiv zu bewältigen, von einer Kombination aus Strategien und persönlichem Wohlbefinden abhängt. Aktives Zuhören, Ruhe bewahren, Grenzen setzen und Empathie zeigen, sind integrale Bestandteile einer erfolgreichen Deeskalation. Jede Strategie trägt dazu bei, ein Umfeld zu schaffen, in dem Konflikte konstruktiv gelöst und Beziehungen erhalten werden können.

Ebenso wichtig ist die Rolle der Selbstfürsorge in diesem Prozess. Indem Sie Ihrer eigenen emotionalen und körperlichen Gesundheit Priorität einräumen, verbessern Sie Ihre Fähigkeit, bei herausfordernden Interaktionen gelassen zu bleiben und effektiv zu reagieren. Selbstfürsorge ist kein Luxus, sondern eine Notwendigkeit, um die emotionale Widerstandsfähigkeit aufrechtzuerhalten, die für die Bewältigung von Konflikten und die Aufrechterhaltung positiver Beziehungen erforderlich ist.

Zusammenfassend lässt sich sagen, dass es auf dem Weg der Deeskalation sowohl um die Förderung von Verständnis und Empathie als auch um die Anwendung spezifischer Techniken geht. Indem Sie diese Strategien in Ihren Ansatz integrieren und sicherstellen, dass Sie für den Umgang mit Stress gut gerüstet sind, schaffen Sie eine Grundlage für eine friedliche und konstruktive Lösung von Konflikten. Bei der Deeskalation geht es nicht nur darum, Wut zu zerstreuen, sondern darum, einen Rahmen für eine respektvolle und effektive Kommunikation zu schaffen. Wenn Sie diese Fähigkeiten weiter üben, werden Sie feststellen, dass der Umgang mit angespannten Situationen zu einem intuitiveren und nahtloseren Teil Ihrer Interaktionen wird, was zu harmonischeren und produktiveren Beziehungen in allen Lebensbereichen führt.

ANHÄNGE

ANHANG A

WEITERE RESSOURCEN ZUR WUTBEWÄLTIGUNG

Bücher

1. **"Zorn: Weisheit zum Abkühlen der Flammen" von Thich Nhat Hanh**
    - Ein spiritueller Leitfaden von einem renommierten Achtsamkeitslehrer, der praktische Ratschläge gibt, wie man mit Wut umgeht und Frieden durch Achtsamkeit kultiviert.
2. **"Der Tanz des Zorns: Ein Leitfaden für Frauen zur Veränderung der Muster intimer Beziehungen" von Harriet Lerner**
    - Dieses Buch untersucht die Rolle von Wut im Leben von Frauen und bietet Strategien, um Wut in Beziehungen konstruktiv auszudrücken.
3. **"Anger Management for Dummies" von Charles H. Elliott und Laura L. Smith**
    - Ein benutzerfreundlicher Leitfaden mit praktischen Strategien und Übungen zum Umgang mit Wut, geeignet für Personen, die einen strukturierten Ansatz suchen.
4. **"Anger: Taming the Beast" von Dr. Gary Chapman**
    - Dr. Chapman, bekannt für "Die fünf Liebessprachen", gibt Einblicke in das Verständnis und den Umgang mit Wut auf mitfühlende und praktische Weise.
5. **"Das Arbeitsbuch zur Wutkontrolle" von Matthew McKay und Peter Rogers**

    - Ein praktisches Arbeitsbuch, das Einzelpersonen helfen soll, ihre Wutmuster durch Übungen und Techniken zu erkennen und zu ändern.

Artikel und Zeitschriften

1. **"Die Rolle der kognitiven Verhaltenstherapie bei der Wutbewältigung"**
    - Dieser Artikel, der in wissenschaftlichen Fachzeitschriften veröffentlicht wurde, untersucht, wie die kognitive Verhaltenstherapie (KVT) eingesetzt werden kann, um Wut zu bewältigen und zu reduzieren.
2. **"Wut verstehen: Ein Leitfaden für Therapeuten zur Wutbewältigung"**
    - Dieser Artikel bietet einen detaillierten Einblick in die psychologischen und physiologischen Aspekte von Wut und effektive therapeutische Ansätze, um damit umzugehen.
3. **"Achtsamkeitsbasierte Interventionen zur Wutbewältigung: Eine Überprüfung der Evidenz"**
    - Ein Übersichtsartikel, der die Wirksamkeit von Achtsamkeitstechniken bei der Reduzierung von Wut und der Verbesserung der emotionalen Regulation untersucht.

Online-Tools und Apps

1. **Headspace**
    - Eine beliebte Achtsamkeits- und Meditations-App, die geführte Sitzungen anbietet, die bei der Wutbewältigung helfen können, indem sie Ruhe und emotionale Regulierung fördern.
2. **Ruhig**

- Eine App mit Meditation, Entspannungstechniken und Schlafhilfen, die bei der Stressbewältigung und der Reduzierung von Wut hilfreich sein können.

3. **Wutbewältigungs-Apps (z. B. iAnger, Anger Diary)**
    - Spezialisierte Apps, die den Nutzern helfen, ihre Wut zu verfolgen, Auslöser zu identifizieren und Bewältigungsstrategien zu entwickeln.
4. **Stimmungsvolle Stimmung**
    - Eine App für psychische Gesundheit, die Tools zur Verfolgung von Stimmung, Stress und Wut sowie Übungen zur Verbesserung des emotionalen Wohlbefindens enthält.

Online-Kurse und Workshops

1. **Coursera- und Udemy-Kurse zum Thema Wutbewältigung**
    - Plattformen wie Coursera und Udemy bieten verschiedene Online-Kurse zum Thema Wutbewältigung und emotionale Regulierung an, die oft von lizenzierten Therapeuten und Fachleuten unterrichtet werden.
2. **Workshops zur Wutbewältigung**
    - Viele lokale und Online-Organisationen bieten Workshops und Seminare an, die sich auf praktische Techniken und Strategien zur Wutbewältigung konzentrieren.

Professionelle Support-Dienstleistungen

1. **Lizenzierte Therapeuten und Berater**
    - Die Suche nach professioneller Hilfe von lizenzierten Therapeuten, die sich auf Wutbewältigung spezialisiert haben, kann personalisierte Strategien und Unterstützung bieten.
2. **Gruppen zur Wutbewältigung**
    - Gruppentherapiesitzungen können Unterstützung und Einblicke von anderen mit

ähnlichen Problemen bieten, die von geschulten Fachleuten moderiert werden.

3. **Spezialisten für kognitive Verhaltenstherapie (KVT)**
   - KVT ist eine etablierte Methode zur Bewältigung von Wut, und Spezialisten in diesem Bereich können gezielte Interventionen und Strategien anbieten.
4. **Nationale Vereinigung für Wutbewältigung (NAMA)**
   - Eine Organisation, die sich der Bereitstellung von Ressourcen, Zertifizierungen und Schulungen für Experten für Wutbewältigung widmet.

Websites und Online-Ressourcen

1. **Amerikanische Psychologische Vereinigung (APA)**
   - Die APA-Website bietet Ressourcen und Artikel zum Thema Wutbewältigung und emotionale Gesundheit, einschließlich Strategien zur Bewältigung von Wut.
2. **Mayo Klinik**
   - Die Website der Mayo Clinic bietet praktische Ratschläge und Informationen zum Umgang mit Wut, einschließlich Anzeichen, Symptomen und Bewältigungsstrategien.
3. **HilfeLeitfaden**
   - HelpGuide.org bietet umfangreiche Ressourcen zum Verständnis und Umgang mit Wut, einschließlich Artikeln und Selbsthilfetools.
4. **MindTools (Englisch)**
   - MindTools.com bietet Artikel und Ressourcen zu emotionaler Intelligenz und Wutbewältigungstechniken für die persönliche und berufliche Entwicklung.

ANLAGE B

KRISENHOTLINES UND UNTERSTÜTZUNGSANGEBOTE

Nationale und internationale Krisenhotlines

1. **Nationale Rettungsleine für Suizidprävention (USA)**
   - **Telefon:** 988
   - **Webseite:** 988lifeline.org
   - **Beschreibung:** Bietet 24/7 kostenlose und vertrauliche Unterstützung für Menschen in Not oder Krisen.
2. **Crisis Text Line (USA)**
   - **Text:** SMS HOME an 741741
   - **Webseite:** crisistextline.org
   - **Beschreibung:** Bietet 24/7 textbasierte Unterstützung für Personen in Krisen.
3. **Samaritans (Großbritannien und Irland)**
   - **Telefon:** 116 123
   - **Webseite:** samaritans.org
   - **Beschreibung:** Bietet vertrauliche emotionale Unterstützung 24/7 für jeden, der in Not ist.
4. **Lifeline (Australien)**
   - **Telefon:** 13 11 14
   - **Webseite:** lifeline.org.au
   - **Beschreibung:** Bietet 24/7 Krisenunterstützung und Suizidpräventionsdienste.
5. **Kanadischer Suizidpräventionsdienst (Kanada)**
   - **Telefon:** 1-833-456-4566

- **Text:** 45645 (16 Uhr bis 12 Uhr Eastern Time)
- **Webseite:** crisisservicescanada.ca
- **Beschreibung:** Bietet 24/7 Unterstützung und Krisenintervention zur Suizidprävention.

6. **Internationales Krisen-Helpline-Netzwerk**
   - **Webseite:** helplines.org
   - **Beschreibung:** Bietet ein Verzeichnis von Krisen-Hotlines und Unterstützungsdiensten weltweit.
7. **Nationale Hotline für häusliche Gewalt (USA)**
   - **Telefon:** 1-800-799-7233
   - **Text:** Text LOVEIS an 22522
   - **Webseite:** thehotline.org
   - **Beschreibung:** Bietet vertrauliche Unterstützung für Personen, die von häuslicher Gewalt betroffen sind.
8. **Nationale Hotline für Kindesmissbrauch (USA)**
   - **Telefon:** 1-800-4-A-CHILD (1-800-422-4453)
   - **Webseite:** childhelp.org
   - **Beschreibung:** Bietet 24/7 Krisenunterstützung bei Kindesmissbrauch und Vernachlässigung.
9. **Nationale Helpline der SAMHSA (USA)**
   - **Telefon:** 1-800-662-HELP (1-800-662-4357)
   - **Webseite:** samhsa.gov
   - **Beschreibung:** Bietet kostenlose, vertrauliche 24/7-Behandlungsüberweisungen und Informationsdienste für Drogenmissbrauch und psychische Gesundheitsprobleme.
10. **Anonyme Alkoholiker (AA)**

- **Telefon:** 1-212-870-3400
- **Webseite:** aa.org
- **Beschreibung:** Bietet Unterstützung und Ressourcen für Personen, die mit Alkoholsucht zu kämpfen haben.

Spezialisierte Hotlines und Support-Services

1. **Veterans Crisis Line (USA)**
   - **Telefon:** 1-800-273-8255 (Drücken Sie 1)
   - **Text:** Text 838255
   - **Webseite:** veteranscrisisline.net
   - **Beschreibung:** Bietet 24/7 Krisenunterstützung für Veteranen, Militärangehörige und ihre Familien.
2. **Das Trevor-Projekt (LGBTQ+ Jugendliche)**
   - **Telefon:** 1-866-488-7386
   - **Text:** Text START bis 678678
   - **Webseite:** thetrevorproject.org
   - **Beschreibung:** Bietet Krisenunterstützung und Suizidpräventionsdienste für LGBTQ+-Jugendliche.
3. **Nationales Netzwerk für Vergewaltigung, Missbrauch und Inzest (RAINN)**
   - **Telefon:** 1-800-656-4673
   - **Webseite:** rainn.org
   - **Beschreibung:** Bietet Unterstützung für Überlebende sexueller Gewalt und verbindet sie mit lokalen Ressourcen.
4. **Nationale Vereinigung für Essstörungen (NEDA)**
   - **Telefon:** 1-800-931-2237
   - **Webseite:** nationaleatingdisorders.org

- **Beschreibung:** Bietet Unterstützung und Ressourcen für Menschen, die mit Essstörungen zu kämpfen haben.

5. **National Alliance on Mental Illness (NAMI) Helpline**
   - **Telefon:** 1-800-950-NAMI (1-800-950-6264)
   - **Webseite:** nami.org
   - **Beschreibung:** Bietet Informationen, Unterstützung und Ressourcen für Einzelpersonen und Familien, die von psychischen Erkrankungen betroffen sind.
6. **Hotline zur Suizidprävention (Indien)**
   - **Telefon:** + 91-9820466726
   - **Webseite:** aasra.info
   - **Beschreibung:** Bietet Unterstützung für Menschen in Krisen und Suizidgefährdete.
7. **Stiftung für psychische Gesundheit (Großbritannien)**
   - **Telefon:** 0300 123 3393 (keine Krisenhotline, bietet aber Ressourcen für psychische Gesundheit an)
   - **Webseite:** mentalhealth.org.uk
   - **Beschreibung:** Bietet Ressourcen und Informationen zu psychischen Gesundheitsproblemen und Bewältigungsstrategien.
8. **Die Samariter (Irland)**
   - **Telefon:** 116 123
   - **Webseite:** samaritans.ie
   - **Beschreibung:** Bietet vertrauliche Unterstützung für alle, die in Irland in Not geraten sind.

Krisenhilfe für bestimmte Gruppen

1. **Nationale Hotline für Menschenhandel (USA)**
    - **Telefon:** 1-888-373-7888
    - **Text:** 233733
    - **Webseite:** humantraffickinghotline.org
    - **Beschreibung:** Bietet Unterstützung für Opfer von Menschenhandel und verbindet sie mit Ressourcen.
2. **Hotline für Missbrauch älterer Menschen (USA)**
    - **Telefon:** 1-800-677-1116
    - **Webseite:** eldercare.acl.gov
    - **Beschreibung:** Bietet Unterstützung und Ressourcen bei Problemen mit Missbrauch und Vernachlässigung älterer Menschen.

Printed in France by Amazon
Brétigny-sur-Orge, FR

27780716R00085